≪放送大学印≫

『心理職の専門性（'20）』

追　補

（第1刷～第3刷）

【追補の趣旨】
　2022年4月1日より改正された少年法が施行されたため，第10章の「司法・犯罪分野における心理専門職のはたらき」について加筆修正する。

【修正内容】
p.171　2行目から5行目の段落を以下のように修正

　一般に年齢で少年を区別したい場合，14歳から16歳未満には年少少年，16歳から18歳未満には年中少年，18歳から20歳未満には年長少年という呼称が用いられてきた。しかし，2022（令和4）年4月1日より施行されている改正少年法では，18歳から20歳未満の少年を「特定少年」として，ぐ犯少年を特定少年には適用しないなど，18歳未満の少年とは異なるいくつかの取り扱いの上での「特例」を設けている。この特例の内容については，非行少年の処遇の流れで後述する。また，性別で区別したい場合は，男子少年，女子少年と呼ぶことがある。

p.181　14 行目の後に追加

5）「特定少年」の特例

　18 歳，19 歳の者について，選挙権年齢や民法上の成年年齢の引き下げにより，責任ある主体として社会参加することが期待される立場とみなされるようなっている。このような社会の流れに応じる形で，2022（令和 4）年 4 月 1 日から施行された改正少年法では，18 歳，19 歳の者については「特定少年」として，17 歳以下の少年とは異なる取扱いを行う "特例" が定められている。

　まず，検察官への送致，いわゆる逆送の特例が挙げられる。これまで，16 歳以上の少年の時に犯した故意の犯罪行為により被害者を死亡させた罪の事件において原則として逆送決定がなされていたが，特定少年においては，これに加えて 18 歳以上の少年の時に犯した死刑，無期又は短期（法定刑の下限）1 年以上の懲役・禁錮に当たる罪の事件（現住建造物等放火罪，強盗罪，強制性交等罪，組織的詐欺罪などが該当）が追加されることとなった。

　また，逆送後の刑事裁判においては，17 歳以下の少年には最長 15 年以下の範囲で，刑の長期と短期を定める不定期刑（例えば，懲役 5 年以上 10 年以下）が言い渡されるが，特定少年には，最長 30 年以下の範囲で定期刑（例えば，懲役 10 年）が言い渡される。

　次に特定少年の保護処分については，「犯情（その犯罪の性質・犯行の態様・被害等）の軽重を考慮して相当な限度を超えない範囲内」において決定しなければならないこととなった。したがって，特定少年の保護処分は，①少年院送致（3 年以下の範囲内），② 2 年間の保護観察，③ 6 ヶ月の保護観察とされ，家庭裁判所が，犯した罪の責任を超えない範囲内で，対象者の要保護性に応じて，これらのいずれかを選択することになった。また，ぐ犯を理由とする保護処分は行われない。

　さらに，特定少年の時に犯した罪により公訴を提起された場合，つまり逆送されて起訴された場合は，略式手続の場合を除いて，推知報道の禁止が解除されることとなった。推知報道とは，実名報道と呼ばれるもので，氏名，年齢，職業，住居，容ぼうなどによって犯人が誰であるかがわかるような記事・写真等の報道のことである。

以上のような特例が規定されてもなお，18歳，19歳の者においては，嫌疑のある事件を全件家庭裁判所に送致し，調査・審判を経て保護処分を行うという基本的な枠組みを維持している。それは，彼らが社会的に責任ある主体である成人である一方で，まだ成長途上にあり，可塑性を有する「少年」として引き続き少年法の適用対象であるとみなしているからである。なお，改正された少年法は，施行5年後，特定少年に係る事件の手続きや処分，処遇に関して検討が加えられることとなっている。

心理職の専門性

―公認心理師の職責―

吉川眞理・平野直己

まえがき

　放送大学は，2001年以来，大学院臨床心理学プログラムにおいて臨床心理士養成第二種指定校として，臨床心理士としての基礎的な知識と技能の習得に加えて，心理専門職としてのアイデンティティ形成をめざした養成を継続しています。2017年の公認心理師法施行を受けて，2020年より学部で求められる受験資格科目が順次開講されることになりました。本書は，その中で「公認心理師の職責」科目として開講される「心理職の専門性（公認心理師の職責）」を学ぶ皆さんのために，心理専門職として実践経験を重ねてきた講師陣により執筆されました。

　心理職のための専門資格としては，公認心理師（2019年9月現在合格者数36,438名）だけでなく，臨床心理士（2019年4月現在有資格者35,912人）や，臨床発達心理士，学校心理士，特別支援教育士等の心理専門職資格があります。心理職の専門性を理解するためには，まず，この国家資格の成立過程について知っておく必要があります。本書では，第2章において公認心理師が臨床心理士とは異なる国家資格であることを明示しながら，国家資格の成立過程について紹介しています。日本において，心理臨床の専門家が主体的に立ち上げてきた臨床心理士の活動の成果が公認心理師の成立に寄与してきたことはまちがいありません。しかし国家資格としての公認心理師は，心理学を基礎としてその実践に携わる資格として成立し，医療や福祉，教育等の現場で幅広い多職種連携を求められています。そのために受験要件として学部では心理学や実践に関わる法律の知識の習得が求められています。公認心理師カリキュラム等検討委員会（2017年）により，「公認心理師の職責」の科目に含まれる事項として下記の点が挙げられています。

4

1．公認心理師の役割

2．公認心理師の法的義務及び倫理

3．心理に関する支援を要する者等の安全の確保

4．情報の適切な取扱い

5．保健医療，福祉，教育その他の分野における公認心理師の具体的な業務

6．自己課題発見・解決能力

7．生涯学習への準備

8．多職種連携及び地域連携

　本書では，心理専門職としての公認心理師の役割については第1章，法的義務及び倫理については第3章及び第4章，心理に関する支援を要する者等の安全の確保及び情報の適切な取り扱いについては第13章に述べられています。執筆時において公認心理師の倫理コードが明文化されていないため，主に臨床心理士倫理コードが紹介されています。その具体的な業務については，保健医療分野について第6章，福祉分野について第8章，教育分野について第7章，産業・労働分野について第9章，司法・犯罪分野について第10章に述べられています。自己課題発見・解決能力については第15章，生涯学習への準備については第14章において述べられています。多職種連携について第5章，地域連携について第12章に記述されています。さらに第11章では，地域連携の一つである被災地支援を独立させて扱っています。

　本科目の内容は，心理学に関する基礎知識を学んだ後に，その応用として学んでいただくことを前提としています。本科目において心理専門職の業務の幅広さと奥深さ，難しさ，コミュニケーションの力や支援を受ける人との関係性の構築の重要さを学んでいただければ幸いです。

執筆者を代表して　　　　吉川眞理

目 次

1 | 導入：心理職における専門性とは何か

吉川眞理

《**目標＆ポイント**》 心理職の専門性とは何だろうか？ 専門性を考えるために，心理職が取り組む心の問題を具体的に取り上げつつ，心理職が果たしうる役割とそこで求められる専門性について述べる。なお，ここでいう心理職として，まず，具体的には，平成29年（2017年）施行の公認心理師法により定められた国家資格である公認心理師を指している。さらに，心理専門職資格として，本領域のパイオニアが立ち上げ30年の歴史を刻んできた臨床心理士と対比させながら，両者をまとめて心理職とよび，それぞれの専門性を明らかにしていきたい。
《**キーワード**》 心理面接，心理アセスメント，守秘義務，多職種連携

1. 心理職に求められる専門性の概要

（1）はじめに

これから心理の専門職を目指したいという人にとっての出発点は，まず自分自身が一人の人間であることの認識である。

一人の人間として，人と出会い組織に参加し，そこでの人間関係において専門性を発揮することが求められるのである。

人は，一人では生きていけない。生きている限り多くの人々と出会いさまざまな関係を持つ。その関係により，それぞれの人生が織り成されていく。その人間関係の中で，大きな喜びを感じることもあるが，傷つくこともあり，絶望してしまうこともある。人間は，生きている限り心理的に変容する。それは心理的成長でもあるが，成長し続けるというこ

とは，未熟を克服し続けることであり，その意味で，成長とは常に自分
自身の未熟さに向き合い続ける厳しい過程でもある。その中で心理職は，
専門性をもって，生きた人間関係を築き，その関係により，関わるその
相手が自らよりよい人生を生きていく手伝いをする専門家なのである。

　心理職とは，自分も含めて弱さを持つ人間を対象とする専門職である。
人との関わりを大切にすること，その関わりは自分にとっても相手に
とっても，常に肯定的で幸せな体験ばかりでなく，時には否定的で辛い
体験もあることを覚悟し，その関係を生き抜く専門職であるということ
を認識しておきたい。

　そのうえで，専門性をもって人と関わるとはどういうことか，心理職
の専門性とはどういうことかについて，ここでじっくりと考えていきた
い。

（2）心理職の専門性に求められるもの

　心理職は，個人を対象にすることもあれば，カップルや家族，学校，
職場，地域社会などの集団を対象とすることもある。そのため，求めら
れる専門性において，個人内の心的過程にとどまらず，個人間，その人
間関係において生じる相互作用，またグループの心理に関する知識がそ
の基本となる。しかし，先にも述べたように，対象に関する知識だけで
は十分ではない。自分と対象の間に生じている関係性，さらには関係の
中に投じられた自分と対象との間に生じる関係のダイナミクスに関する
知識も求められる。個人や集団を対象とする知識は，主として心理学や
精神医学において体系化されている。これに加えて，心理職自身と対象
の間に生じる関係や，その関係を構成する一要素としての心理職と対象
の両者の主観的体験の間に生じる相互作用に関する知識は，主として臨
床心理学や精神分析学において体系化されている。

　心理職は，これらの体系化された知識に基づいて実践を行う。さらに専門家として機能するには，現場の状況やその背景にある社会制度，支援を方向づける法制度や倫理についての知識も必須である。求められる知識は相当幅広いものとなる。

図 1-1　心理職の専門性の基礎として必要な知識

その関係を図示すると，**図 1-1** のとおりである。

しかし，自ら一人の人間としてその関係の中に身を投じる心理職の実践において，これらの知識は必要不可欠であっても，それだけで十分ということはできない。知識に加えて，個々の人間，さらにその個々の人間が構成するグループやコミュニティに対し，専門性を持つ一人の人間として関わる基本姿勢を身につけていることが求められるのである。そこに加えて，一人の人間としての個性をもって，対象に関わる実践を重ねる中でその人独自のスタイルが確立されてゆく。心理職は，独自性を持つ自らの全人格をもって，人そして現場に関与しながら，そのプロセスをふりかえり記録して，常に今後に向けての見立てや仮説をたてつつ，人と関わることを通して実践に取り組む専門職といえるだろう。

2. 心理職の専門性の本質

前述したように知識の習得は心理職の専門性の必要条件ではあるが，技能の熟練が求められる他の多くの専門職と同様に，心理専門職も知識だけで通用するわけではない。他の専門職と同様に，実践を通して磨かれていく技能が求められるのである。

この心理専門職にとっての技術や技能の基本として，個人や集団を対象とする対話やコミュニケーションを挙げることができる。対話やコミュニケーションそのものは，大勢の人が日常，あたりまえに行っている行為である。その普通の対話やコミュニケーションと，心理専門職としてのそれは，どのように異なるのだろうか。

（1）聴くことの大切さ

心理専門職の基本姿勢として最も重視されるのは，相手の話を聴く姿勢である。話を聴くこと自体は，誰にでもできることだと思うかもしれ

ない。しかし，専門職としての聴き方には，相当な訓練が必要である。その聴き方について，河合（1970）は「われわれが聴く態度を持ってカウンセリングをしていますと，今までになかった可能性がクライエントの心の中から生じてくるといえます。しかし，このような可能性が生まれてくるには，時間を要することも多く，一回きりの話で終わることは少なくて，何回も繰り返さなければならなくなってきます。……（中略）人によっては三年間も四年間も続けなければならないことがあります。」と述べている。私たちは，ともすれば人の話を聴きながら良し悪しを判定したくなり，自分がよいと考える方向に相手を導きがちである。しかし専門家として人の心の声に耳を傾けるときは，簡単に良し悪しを決めて割り切ろうとする態度をまず捨てなければならない。心の世界を知り，プラスの結果を得るためには，しばらくマイナスの結果にじっと耐えていかねばならないこともある。そして，河合によれば，専門家として人の話を聴くときに最も大切なことは，クライエント（相談依頼者）の心の底にある可能性に注目することなのである。心の底にある可能性に注目するとは，どういうことだろうか。

　ここで，個人心理面接の事例として，摂食障害の女性の個人心理面接の経過を紹介したい。なお守秘の目的で事例はその本質を損なわない範囲で改変されている。

事例1：摂食障害のA子との関わり

　A子は努力家であった。A子がいったんダイエットを始めると，体重はぐんぐん減少しその努力の結果を目に見えるかたちで示すことができ，達成感を味わうことができた。そこでA子はダイエットに夢中になり，体重の減少が続き，ついには生理が止まり，心配した両親にすすめられて病院を受診することになった。やがてダイエット中の飢餓感の反

動で，過食の習慣が始まった。A子はコンビニで食料を買い込んで，おなか一杯食べては吐くということを止めることができなくなった。主治医の指示により個人心理面接が開始された。面接者は，たくさんの食料を詰め込んで，それを吐き尽くして胃袋をきれいにからっぽにして，ようやく安心できるのだというA子の話をじっと聴き続けた。生きている意味がわからないという話も，聴き続けた。「私が死んでも，先生はどうせすぐ忘れてしまうでしょう。」と言われたときに，「あなたに死んでほしくない。」と思いを込めて伝えた頃から，A子の気持ちの方向が少し変わっていったように感じられた。A子は対人関係においても進路についてもたくさんの回り道をしながらも，年月をかけるうちに，少しずつ自分の力を実感できるようになってきたようだった。面接の開始から数年を経て，A子は自分の進路を決定して新たな人生を歩みだし，面接は終結に至った。

　ふりかえってみると，A子の生きるエネルギーはとても強く，そのエネルギーをどう活かしていけばよいのか，A子自身とまどっていたように思われる。面接者は，彼女が迷いつつ，たくさん傷つきながら成長する道のりを，長い時間をかけて一緒に歩み続けてきた。両親の愛情に包まれていたA子だったが，それだけにその愛情から自立することは難しい課題であったのだと思われた。面接者は，A子の心の底にある可能性を信じつつ，両親とは異なる他者としてA子の前に居続ける存在であった。彼女自身実感できていなかった可能性に，面接者がまなざしを向けていくことによって，A子にもその可能性が感じられるようになってきたのかもしれない。やがてA子自身の主体的な努力が始まり，その可能性が次第にかたちをとるようになり，A子は摂食障害という症状と折り合いをつけ，自分自身の人生の歩みが開始されたのである。

　しかし，継続的な心理面接において面接者はただ聴いていればよいのか，というとそうとも言い切れない。特に拒食症の場合には極端なダイエットで身体をいため死に至る危険もあり，専門医との連携が不可欠である。死にたい気持ちが語られたときには，この話をどう受けとめていくのか，それは心理面接者とクライエントの間の一回一回の真剣勝負となる。クライエントとの信頼の絆をどこまで信じるのか，連携の安全網をどう発動させるのか，守秘義務の限界を守っていけるのか，いずれも非常に専門的な判断が求められるのである。

　先の例は個人心理面接の事例だったが，心理専門職が組織の中で働く場合，1対1の場面で話を聞くだけでなく，日々の活動や情報交換においても，支援を受ける人や，協働するスタッフの心の底の可能性に着目する聞き方が重要になる。そのような事例（ある学校の教職員対象のコンサルテーションの例）を紹介してみよう。なお守秘の目的で事例はその本質を損なわない範囲で改変されている。

事例2：問題行動や反抗的態度が顕著な男子中学生支援へのスクールカウンセラーとしての参加

　B男は，小柄で落ち着きなく動き回り，トイレを壊したり，非常ベルを押してみたり，教員集団をてんてこ舞いさせる問題行動を頻発していた。保健室がお気に入りで，あるとき急に姿が見えなくなり，養護教諭が探していると，保健室のかたすみの洗濯機の中に入り込んで丸くなって寝込んでいるB男を見つけた。「それはまるで，子宮の中の赤ちゃんみたいでした」という養護教諭の語りにスクールカウンセラーは感銘を受けた。担任が家庭訪問してみると，B男の母は具合が悪く寝ていることが多かった。台所にはコンビニ弁当の空箱が散らかっており，寂しい

食卓につく B 男の姿が浮かんだという話が支援会議の中で共有された。
B 男には,学習習慣がついておらず,中学校の授業はついていけなくなっ
ている様子で,授業中退屈するとふらふらと廊下を歩き,気が向くとい
たずらをする。教員の中で,何人かの男性が声をかけるようにしたが,
反抗的な態度に堪忍袋の緒が切れた男性教諭が声を荒げると,B 男の目
つきが変わり,奇声を発して,ますます行動がエスカレートする。どう
したらいいだろうか?と,管理職,担任や学年担当教諭,生徒指導,養
護教諭,スクールカウンセラーが寄り集まっては話し合う場が持たれた。
養護教諭や担任の報告から B 男の寂しさが共有され,以前は同居してい
た B 男の実父が家で暴れていたらしいという近隣からの情報も共有さ
れた。スクールカウンセラーは B 男に大声で怒鳴ることは逆効果である
こと,暴れているときは,複数がかりで静かな場所に連れていき,B 男
の言い分を聞くようにすることを提案した。暴れている B 男を抱きかか
えることについては,生徒指導の経験豊かな男性教員の得意技であった。

　B 男の問題行動が目に余るので,学習支援のためにと受診が勧められ
た。何とか受診に至ったが服薬については母親の強い拒否があった。ス
クールカウンセラーは,B 男の母親と面接することになった。母親の目
から見れば B 男は優しい子なのだと語られた。服薬については感情的な
反発が語られた。母親にとって,社会には味方がいないと体験されてお
り,自分が B 男を守らなければいけないという強い気持ちがある一方
で,母親自身,思うように身体が動かず歯がゆい思いをされているよう
であった。母親自身,中学校の頃に良い思い出がなかったことも語られ
た。その思い出が重なって,教員の注意を非難と感じて,学校に対する
敵意を持ち,その敵意が B 男に伝わって,彼の校内での反抗的態度や問
題行動をエスカレートさせているようだった。スクールカウンセラーは,
B 男と母親の間の絆の強さについて教員に報告し,母親思いの B 男と信

頼関係を結ぶためには，学校スタッフも母親を支える姿勢を共有する必要があることを伝えた。管理職，生徒指導，養護教諭，担任，学年担当教諭それぞれに，B男と母親を1ユニットとしてとらえながら，B男にこまめに声をかけ，さりげなく学習支援に誘うようになった。B男の根気はあまり長く続かなかったが，それでも，目つきが変わって奇声を発することはなくなり，ゆっくり時間をかければ，注意を聞き入れてくれるようになった。

　本事例での個人面接の対象はB男の母親であるが，スクールカウンセラーは，B男自身の育つ力の可能性だけでなく，B男の母親との関係が持つ可能性，一人一人の教員がB男の育つ力を支える可能性，さらに教職員チーム全体がB男と母親のユニットを支える可能性に着目し，その力の存在を教職員チームと共有することができた。個人面接の場以外でも，学校生活の折々の対話，関わりにおける聴く力は，そのような協働にとって不可欠なものといえるだろう。そして，この男子中学生支援の主役は，管理職がリーダーを務める教職員集団に他ならなかったことを強調しておきたい。

　また，面接の担当者だけで抱えることのできない重大な事態に関しては，学校や社会において連携できる制度が構築されている。心理面接者は，専門職として多職種連携の体制や制度に精通して，適切な動きをとらねばならない。そのような連携の事例を示したい。なお事例は守秘の目的で事例の本質を損なわない範囲で改変されている。

事例3：スクールカウンセラーとして連携が重要になる事例
　中学3年生のC子は，おとなしく目立たない生徒だった。なかなか進

路希望票を出さないので，担任教諭（男性）ははがゆい思いで見守って
いた。「相談があるなら言ってこいよ」と声をかけてみたものの，いつも
目をそらせて帰宅してしまう様子が気になった担任は，スクールカウン
セラー（女性）に会うようにと，Ｃ子にすすめた。

　Ｃ子がスクールカウンセラーのもとを訪ねた当初，進路について話し
合うセッションが続いた。Ｃ子は，アニメを見るのを楽しみにしていた。
夢は，アニメの声優になることで，演劇部のある高校に進学したいが，
親に経済的負担をかけることがわかっているので言い出せないのだとい
う。自宅のテレビで誰とチャンネル争いをするのかについて話している
うちに，母親はいつも夜に出かけてしまう仕事についていて，家にいる
のは，Ｃ子が小学校５年生のときに再婚した義父であることがわかった。
ある日のセッションで，Ｃ子は思いつめた表情で，義父が夜寝ていると
き下着の中に手を入れてくることがあると語った。そのことについて，
母親には話せていないという。話せない理由を尋ねると，母親が「普通
でなくなって」しまうのがこわいと語られた。自分さえ黙っていればう
まくいくと思っていたが，妹が中学１年生になったことで，妹も同じ目
に遭うかもしれないと思うと，何とかしなくてはと思うようになったと
いう。そこでスクールカウンセラーは，「お母さんに伝えるお手伝いをさ
せてほしい。」と伝え，「今日，あなたが話してくれたことは，あなたや
妹さんを守るためにとても大事で，そのためには，いろいろな大人の協
力がいる。」と説明を重ねると，Ｃ子はようやく頷いてくれた。本人が納
得したところで管理職や担任に事情を伝え，学校から児童相談所に連絡
がとられた。児童相談所のスタッフの到着を待ちながら，「あなたが妹を
守りたいと思うように，私や先生たち，これから会う児童相談所の人た
ちは，あなたを守ろうとしてくれる人だよ。落ち着いたらまた進路につ
いて話し合おうね。」と伝えた。しかし，一時保護所から養護施設に行く

ことになったＣ子は転校してしまい，カウンセリングを続けることはできなかった。

　実際の現場では事例3のように，専門家として，カウンセリングの継続よりもクライエントの安全確保を第一に考えたり，危機介入が必要になったりすることがある。また，まずは環境の変化が必要な，困難な状況もあるだろう。相手がどんなに拒んでいても，直接的な助言や指導が必要な場面もある。

　クライエントの心に潜在する可能性の発現をゆっくり待てる状況なのか，クライエントの心の可能性を発現させるためには，まず環境調整が必要なのか，安全の確保や危機介入が必要な状況なのか，それを見定めるアセスメント力が，まず最初に心理職に求められる専門性だといえるだろう。

（2）心理的アセスメント

　心理専門職が支援の意図を持って人に関わろうとするとき，まず心理的アセスメントが行われる。それは，その人や集団の個性，その人や集団が今抱えている困難，その困難を潜り抜けるとき，その環境がどのように影響してくるか，その人や集団にとってどのような支援が適切であるかなどについて情報を収集し，それに対して心理専門職が自らの力量でどのように対応できるか，周囲の人的，組織的な資源とどのように連携できるかについても考慮しながら，心理的な支援の計画をたてるのである。

　そのために用いられる方法として，観察法，面接法，心理検査法を挙げることができる。

①観察法：心理専門職として人や集団と出会うとき，その人や集団の各メンバーの行動や表情，姿勢等，豊かな非言語的な表出や表現を観察することができる。この観察は，観察者もその場に参与しているので参与的観察と呼ばれる。観察者の存在が対象に影響を与えていることを考慮しながら観察し，記録するとき，観察者はそこに参与している自分の存在も観察の対象に含む必要がある。また，観察そのものが，観察者の主観のフィルターを通して行われており，その記録も観察者の主観を通して行われていることに気づいている必要がある。心理専門職にとっての観察は，客観的な観察ではなく，観察者と対象の間に生じている相互的な作用を反映し，観察者の主観を通す営みであることを忘れてはならない。

②面接法：面接は，心理的支援の重要な方法でもあるが，同時に心理的アセスメントの方法としても有効である。具体例として心理面接を希望して来談した際の初回面接は，面接法によるアセスメントと位置づけられる。このアセスメント過程が，初回の一回ですむこともあれば，数回継続することもある。そこでは面接者から，生育歴に関する事項について質問が投げかけられる。質問に対する答えや，答え方によって，質問を柔軟に変えることができ，また回答に対してさらに詳しく尋ねることもできる。しかし，これらの質問は，単なる事実の確認や情報の収集のためだけに行われるわけではない。面接者は，質問が相手にどのような感情を呼び起こし，どんな感情の揺らぎを感じながら回答されたかに着目する。またその回答を聴きながら，面接者の内面でどのような感情が動いたのかについても気づくことが重要である。回答者だけでなく面接者の側においても，その内面での感情の動きがアセスメントのアンテナとして機能し，今後の面接の指針をたてる際の，重要な情報源となるからである。

③心理検査法：心理検査というツールを用いて心理的アセスメントの資料を得る。心理検査には，質問紙法，投映法，知能検査，作業検査がある。いずれも，マニュアルに沿って教示を行い，被検者の反応を記録する。この反応は，定められた手続きによりスコア化され数量化される。これらの値は，平均値や標準偏差が求められ，その値が平均に比べて高いのか低いのか，どれほど隔っているのかが明らかになるように標準化されている。その結果，被検者のある心理的側面について，一般的集団における相対的位置づけを知ることができるのである。それぞれの心理検査は，多面的な心のある側面について，検査における反応をスコアリングして数値化する。その意味で，心理検査は心の「ものさし」である。通常，心理検査は，単独で用いられることはなく，複数の心理検査を組み合わせて施行し，これを心理検査バッテリーと呼ぶ。複数の「ものさし」を用いることで，多面的な心の姿を立体的に浮かび上がらせることをめざしている。心理職として，心理検査を利用する場合は，心理検査の解釈理論はもちろん，各検査の成立の背景やその作成過程についても熟知し，心理検査の結果として出てくる数値が何を意味しているかについて，被検者の状況やニーズに応じて読み解く技能が求められる。その検査結果が被検者にとってよりよい生き方への有益な情報となるように所見を作成し，フィードバックする技能も重要である。

（3）公認心理師と臨床心理士の職務と技能

公認心理師の職務については，公認心理師法第2条に定義されている。

これに対応する臨床心理士の専門業務は，（公財）日本臨床心理士資格認定協会の臨床心理士資格審査規程11条に明記されている（日本臨床心理士資格認定協会HP　http://fjcbcp.or.jp/rinshou/gyoumu/）。二つ

表1-1 公認心理師の業とする行為と臨床心理士の専門業務

公認心理師の業とする行為 （公認心理師法第2条）	臨床心理士の専門業務 （臨床心理士資格審査規程第11条）
1）心理に関する支援を要する者の心理状態を観察し，その結果を分析すること。 2）心理に関する支援を要する者に対し，その心理に関する相談に応じ，助言，指導その他の援助を行うこと。 3）心理に関する支援を要する者の関係者に対し，その相談に応じ，助言，指導その他の援助を行うこと。 4）心の健康に関する知識の普及を図るための教育及び情報の提供を行うこと。	①臨床心理査定 その査定される人の立場から，その人の特徴を評価する専門行為であり，種々の心理テストや観察面接を通じて，個々人の独自性，個別性の固有な特徴や問題点の所在を明らかにする。 ②臨床心理面接 臨床心理士とクライエント（相談依頼者）との人間関係が構築される過程であり，心の支援に資する臨床心理士のもっとも中心的な専門行為である。 ③臨床心理的地域援助 専門的に特定の個人を対象とするだけでなく，地域住民や学校，職場に所属する人々（コミュニティ）の心の健康や地域住民の被害の支援活動を行う。 ④上記①～③に関する調査・研究 心の問題への援助に関する技術的な手法や知識を確実なものにするために，基礎となる臨床心理的調査や研究活動を実施する。

の資格の職務を対比すると**表1-1**のようになる。

　表1-1において，両資格の専門業務の定義において，その対象者を何と呼んでいるかについて着目しておきたい。公認心理師法では「心理に

関する支援を要する者」と呼び，臨床心理士審査規定では「クライエント（相談依頼者）」と呼んでいる。前者について，「支援を要する」と決定する主体が誰であるのか不明確であり，場合によっては，本人以外の第三者がこれを決定することもありえる表記である。後者については，本人が主体的に相談を依頼している点が明示されている。本書の 2，3，4，13，14，15 章においては，この両者の表記を鑑みて，ユーザーの主体性を尊重する場合には，「支援を求める人」，また中立的な表記として「支援を受ける人」と表記することにした。

3. 心理職の必要条件として求められる知の体系

（1）近代的心理学の始まり

　心は目に見える実体をもたない。私たちの主観的体験の領域を「心」と呼び，その主観的体験そのものを対象として客観的にとらえようとするとき，科学としての近代的心理学が始まった。19 世紀後半のことである。ほぼ時を同じくして 2 つの心理学の流れがたちあがった。

　第一の流れは，生理学をモデルに心の機能を数量化して扱う実験心理学を創始したヴント（Wundt, W. M. 1832-1920）である。彼は，主体の直接的な経験そのものを扱う学問として，1879 年にライプチヒ大学において最初の心理学実験室を開設し，心理学を出発させた。彼は内観を重視して意識を要素に分解し分析の対象としたが，意識本来の能動的性格については重視しなかったようである。主として感覚と知覚の実験的研究を学んだ彼の後継者らは，測定値の個人差に着目するより，多くのデータを収集し個体差を越えた一般的法則を追求する科学性探求の方向へと発展することになった。

　これに対する第二の流れとしてドイツで生理学を学び学位を得たジェイムズ（James, W. 1842-1910）は，米国に帰国して哲学を修め，1875 年

に米国のハーバード大学で最初の心理学実験室を始めていた。彼は科学的な生理学的アプローチと哲学との融合による心理学の確立をめざし，大著『心理学原理』(1892) を刊行した。心理学は，感情一般や思考一般を抽象的な概念として論考するのではなく，個別的な「自己」を問題とする学問であるべきとした。

　さらに，この19世紀末のほぼ同じ時期に，さまざまな症状や困難を抱える人に対する治療的関わりの実践を核とする二つの学問体系，臨床心理学と精神分析学が創始されていることに着目しておきたい。第一の臨床心理学は，米国ペンシルバニア大学のウィトマー (Witmer, L. 1867-1956) が，大学内に心理クリニックを設立 (1896年) したことがそのはじまりであった。ウィトマーは，「臨床」という言葉を医学からとってきたとしながら，臨床心理学は医学には還元できないと考えた。彼のクリニックでは，学習に困難を示す子どもが学校から紹介され，個別の関わりにおいて心理的な介入と支援が工夫された。

　もう一つの学問体系は，心因性の症状を訴える患者を対象とした催眠の臨床実践の考察をもとに，意識されていない心の領域を「無意識」と名づけ，意識と無意識の相互作用を論じたフロイト (Freud, S. 1856-1939) の精神分析学である。フロイトの最初の著作『ヒステリー研究』は1895年の出版であった。これらの学問体系の源流は，その後も受け継がれて，それぞれ実験心理学，臨床心理学，精神分析学として発展を続けている。

　これら実験心理学，臨床心理学，精神分析学の100余年の知の集積を基礎として，一人ひとりの個人，コミュニティ，そして社会全体を対象として，心理学的な方法を用いてはたらきかける専門職が，心理職である。

（2）心理職に求められる知識の体系

　汎用性を持つ心理職の資格として先発してきた臨床心理士の試験においては，100問のマークシート問題と論文問題，面接試験が課される。

　この100問の知識問題の範囲は，直接に公表されていないが，臨床心理士養成課程のカリキュラムに挙げられている科目がその参考になるだろう。

　これに対して国家資格の公認心理師試験については，その出題範囲は心理研修センター（http://shinri-kenshu.jp）より，出題基準ブループリントが公表されている。また，公認心理師カリキュラム等検討委員会で定められたカリキュラムは，公認心理師に求められる知識体系や技能を反映すべきものである。**表1-2**に両資格の養成課程カリキュラムおよび受験資格の要件となる科目を列挙する。

　臨床心理士の出題範囲が，臨床心理学領域を中心としながら，これに関連する心理学，心理実践に必要な精神医学領域と法律の領域と考えられているのに対して，公認心理師については，基礎心理学や医学的科目および法制度の知識についての出題が増えている。このことは，臨床心理士が，「臨床心理学にもとづく知識や技術を用いて，人間の"こころ"の問題にアプローチする"心の専門家"」を自認しているのに対して，公認心理師法においては，公認心理師を「保健医療，福祉，教育その他の分野において，心理学に関する専門的知識及び技術をもって，次に掲げる行為を行うことを業とする者」と定義されていることを反映しており，二つの資格の本質の違いが明らかになっている。

表 1-2 公認心理師受験のために履修が求められる科目と
臨床心理士養成指定大学院のカリキュラム対比

	公認心理師受験資格科目	臨床心理士養成 指定カリキュラム
学部	①公認心理師の職責 ②心理学概論 ③臨床心理学概論 ④心理学研究 ⑤心理学統計法 ⑥心理学実験 ⑦知覚・認知心理学 ⑧学習・言語心理学 ⑨感情・人格心理学 ⑩神経・生理心理学 ⑪社会・集団・家族心理学 ⑫発達心理学 ⑬障害者（児）心理学 ⑭心理的アセスメント ⑮心理学的支援法 ⑯健康・医療心理学 ⑰福祉心理学 ⑱教育・学校心理学 ⑲司法・犯罪心理学 ⑳産業・組織心理学 ㉑人体の構造と機能及び疾病 ㉒精神疾患とその治療 ㉓関係行政論 ㉔心理演習 ㉕心理実習（80時間以上）	学部については指定なし

	公認心理師受験資格科目	臨床心理士養成 指定カリキュラム
大学院	①保健医療分野に関する理論と支援の展開 ②福祉分野に関する理論と支援の展開 ③教育分野に関する理論と支援の展開 ④司法・犯罪分野に関する理論と支援の展開 ⑤産業・労働分野に関する理論と支援の展開 ⑥心理的アセスメントに関する理論と実践 ⑦心理支援に関する理論と実践 ⑧家族関係・集団・地域社会における心理療法等に関する理論と実践 ⑨心の健康教育に関する理論と実践 ⑩心理実践実習（450時間以上）	必修科目 　臨床心理学特論 　臨床心理面接特論 　臨床心理査定演習 　臨床心理基礎実習 　臨床心理実習 A群（うち2科目開講） 　心理学研究法特論 　心理統計法特論 　臨床心理学研究法特論 B群（うち2科目開講） 　人格心理学特論 　発達心理学特論 　学習心理学特論 　認知心理学特論 　比較行動学特論 　教育心理学特論 C群（うち2科目開講） 　社会心理学特論 　人間関係学特論 　社会病理学特論 　家族心理学特論 　犯罪心理学特論 　臨床心理関連行政論 D群（うち2科目開講） 　精神医学特論 　心身医学特論 　神経生理学特論

		老年心理学特論 障害者（児）心理学特論 精神薬理学特論
		E 群（うち 2 科目開講） 投映法特論 心理療法特論 学校臨床心理学特論 グループ・アプローチ特論 臨床心理地域援助特論

【参考文献】

宇津木保・大山正・岡本夏木・金城辰夫・高橋澪子（1977）心理学のあゆみ　有斐閣新書

河合隼雄（1970）カウンセリングの実際問題　誠信書房

伊藤良子編著（2009）臨床心理学―全体的存在として人間を理解するミネルヴァ書房

日本臨床心理士資格認定協会　臨床心理士受験資格に関する大学院指定運用内規　制定：平成8年4月1日，改正：平成25年4月1日
（http://fjcbcp.or.jp/wp/wp-content/uploads/2014/03/daigakuin-shinsei-data-2.pdf）

【学習の課題】

1．日常生活での対話と，心理専門業務としての対話の相違点を述べてみよう。
2．心理専門職になるために，知識の獲得だけでは十分ではない。身につける必要がある技能についてまとめよう。
3．2であげた技能の獲得のために，どのような経験が役にたつだろうか。

2 | 心の専門家としての臨床心理士と 国家資格 公認心理師誕生の道のり

吉川眞理

《**目標＆ポイント**》 昭和 63 年（1988 年）に第一号が誕生した臨床心理士の歩みと，国家資格である公認心理師が誕生するに至った歴史をふりかえり，それぞれの資格の持つ使命について考える。
《**キーワード**》 臨床心理学と臨床心理士，心理学と公認心理師，日本臨床心理士資格認定協会，日本心理研修センター

1. 心の専門家へのニーズ

　日本には，困りごとがあれば人生経験を積んだ人に相談に乗ってもらう文化があった。たとえば落語に出てくる「ご隠居さん」は，その人生経験をふまえて近所のご意見番であり教育係といった役回りであった。換言すれば，長老の一言で皆が納得し，物事が丸く治まった文化だったといえるだろう。しかし近代化とともに，価値観が多様化し一人ひとりの日本人が個人としての心を持つようになり，その心の悩みは，多様化し深まる時代を迎えた。「人間の心理的な問題が多様化し，錯綜するときにおいては，専門的な知識や技法の訓練も受けず，個人的経験を頼りとするだけで，心理的問題に立ち向かうのは危険が高い。……（中略）自分の個人的経験を誰に対しても繰り返そうとするような愚かなことは避けねばならない。」（河合 1998）と述べられるとおり，心の相談においては，問題の解決のための助言を与えるのではなく，その問題との取り組

みを通して個人の心やコミュニティが成長する機会を提供する専門的な
対応の必要性が認識されるようになり，日本における心の専門家資格を

表 2-1　臨床心理士資格認定制度の歩み

西暦年（年号）	経緯
1963（S38）	心理技術者資格認定機関設立準備協議会第 1 回会合 設立主体：日本心理学会，日本応用心理学会，日本教育心理学会
1966（S41）	心理技術者資格認定機関設立準備協議会における資格基準，教育カリキュラム，倫理綱領，認定審査手続きの審議の結果「臨床心理士（仮称）に関する諸規定」試案が公表。
1969（S44）	臨床心理学会において，同試案のもとで「心理技術者資格認定委員会」の発足を目指したが，大学紛争や精神科医療に対する紛糾の時代に日本臨床心理学会の学会にも紛争があり（専門性を持つ資格が必要という主張に対して，資格認定は弱者と強者という差別構造を作り出すという主張が紛糾）これらの逆風の中，業務凍結の決議。審査業務，審査機関，審査基準の不備について要望がだされたが，当時の大学および大学院における教育体制はまだ十分に整備されていなかったと認識（小川捷之）。
1970 年代前半	九州大学の前田重治，京都大学の河合隼雄，東京大学の佐治守夫の 3 氏が文部省と折衝して国立 3 大学に心理教育相談室を有料相談施設として設置する許可を得る。
1977-81 年	日本心理学会第 41 回大会「心理臨床家の可能性の模索」に続いて 日本心理学会第 42 回大会（九州大学・成瀬悟策会長）「心理臨床家の資格問題をどうするか」シンポジウムの他に「心

	理臨床家の夕べ」という催しが行われ，相互研鑽のために事例検討を中心とする研究集会を開催することが申し合わされた。1979-81 年に第 1 回は名古屋（代表・村上栄治），第 2 回は東京（代表・詫間武俊），第 3 回は大津（代表・河合隼雄・大塚義孝）が開催され，この集会の発展形として新しい学会を創設する発起人会が組織された。
1982（S57）	日本心理臨床学会（以下，心理臨床学会と記述）が誕生し，職能委員会を中心に，資格制度をめぐる検討が進められた。
1984（S59）	心理臨床学会資格問題特別委員会において，当時の常任理事（大塚義孝，河合隼雄，馬場禮子，前田重治，村上英治，村山正治）と職能委員が合同で認定制度，認定基準，認定機関の設置の方針，関連省庁との折衝，研修制度の整備などに取り組まれた。
1985（S60）	心理臨床学会第 3 回大会では，シンポジウム「心理臨床家の教育研修と資格をめぐる諸問題」において，鑪幹八郎，佐藤忠司，山本和郎，馬場禮子の提言がまとめられた。
1988（S63）	心理臨床学会資格問題特別委員会の動きを受けて，3 月 8 日日本臨床心理士資格認定協会が発足。経過措置による書類審査（B 審査 1996 年まで継続）初年度，1595 名の臨床心理士が誕生。
1991（H3）	本則による A 審査（マークシート・小論文による一次試験と口述試験による二次試験）開始。
1995（H7）	3 年余の検討を経て臨床心理士資格認定協会の評議会において「臨床心理士受験資格に関する大学院研究科専攻課程（修士）の指定運用内規」制定（1996 年 4 月 1 日施行）。
1996（H8）	大学院指定制度導入（第一種 10 校，第二種 4 校を指定）。

たちあげる動きが始まった。その経緯についての馬場の報告（馬場 1998）を，年表にまとめると**表 2-1**のとおりとなる。

　以上の経過をたどると，臨床心理士資格は，臨床心理学の社会的寄与を実現するため，心理臨床学会が主体となってたちあげられた資格であったことがわかる。心理臨床にかかる諸技法や技術を取得した有能な専門家が，心に問題を抱える一人ひとりの人を支援しようとするとき，この「心の専門家」の資格を公的に承認する資格制度が必須となる。臨床心理士資格とは，このために，「心理臨床に関して多年の研鑽と実践活動を行ってきた，関係者一同」（日本臨床心理士資格認定協会設立趣意書昭和 62 年）が自ら発足させた資格であった。こうして昭和 63 年 12 月に第 1 号となる臨床心理士が誕生して以来，平成の 30 年間に約 3 万 5 千人の臨床心理士が認定され，幅広い領域で活躍してきた。この臨床心理士資格は，心理専門職のパイオニアらが結集してたちあげた民間資格であったが，実績を積み上げることで，いずれ国家資格として認められることを目指していたのである。

　一方で，この臨床心理士の流れとは独立して，精神科病院で勤務する「臨床心理技術者」の国家資格化への強い期待が存在していた。歴史の流れをふりかえり，宇都宮事件[1]により国際連合人権委員会の勧告を受けて，平成 9 年（1997 年）精神保健福祉士法が成立した際，同委員会は精神保健福祉士とともに臨床心理技術者の国家資格化にも期待を寄せていた事実に着目したい。全国保健・医療・福祉心理職能協会の宮脇稔はこの流れについて「宇都宮事件は日本の精神科医療を根底から揺るがす事件であった。この事件を受けて，政府は精神科医療の方向性を，収容から治療へ，人権尊重へと変化させることとなった。『精神衛生法』が『精神保健法』そして『精神保健福祉法』へと変わる過程の中で，国の精神障害者に対する治療と人権への取り組みは大きく変貌してゆく。こうし

た流れの中にあって，当時の厚生省は無資格専門職種として精神科医療の担い手であった精神科ソーシャルワーカーと臨床心理技術者の職種の国家資格化を検討し始めた。」とまとめている[2]。これにより，精神科ソーシャルワーカーは精神保健福祉士法（平成9年12月）において国家資格化されたが，臨床心理技術者の国家資格化は実現に至ることはなかった。その背景には，国家資格としての心理職という一つのゴールを，汎用性をもつ臨床心理士グループと，精神科病院の臨床心理技術者グループの両者が目指している状況があったのである。

　この二つの心理職の国家資格化を目指す流れが，国民の目に見える形をとったのが，平成17年（2005年）の二資格一法案（臨床心理士及び医療心理師法案要綱骨子案　2005年7月5日　議員連盟合同総会にて承認）であった。法案要綱骨子案の内容をまとめると**表2-2**のとおりである。二つの資格は，名称，その役割，受験資格（臨床心理士は大学院卒，医療心理師は大学卒），医師との連携のとり方など，いくつかの点におい

---

[1] 1983年（昭和58年）に，栃木県宇都宮市にある精神科病院報徳会宇都宮病院で，看護職員らの暴行によって，患者2名が死亡した事件である。1983年（昭和58年）4月，食事の内容に不満を漏らした入院患者が看護職員に金属パイプで約20分にわたって乱打され，約4時間後に死亡した。また同年12月にも，見舞いに来た知人に病院の現状を訴えた別の患者が，職員らに殴られ翌日に急死した。これらの患者死亡事件は公にならなかったが，事件の翌年，1984年（昭和59年）3月14日に，朝日新聞朝刊によって報道され，日本の世論の大きな注目を集め，国会でも精神障害者の人権保障の面から，日本国政府の対応が糾された。この事件をきっかけに，国連人権委員会などの国際機関でも，日本の精神保健や精神医療現場における人権蹂躙が取り上げられ，世界中から日本国政府に非難が集中した結果，1987年（昭和62年）には，精神衛生法の改正法である「精神保健法（現　精神保健及び精神障害者福祉に関する法律）」が成立し，精神障害者本人の意思に基づく任意入院制度や開放病棟を創設するなど，患者の処遇改善が図られた。（出典：フリー百科事典『ウィキペディア（Wikipedia）』）

[2] 宮脇稔　全心協の歩み・全心協の設立過程について　http://www.onyx.dti.ne.jp/~psycho/ayumi.htm　2018/10/21

表 2-2　二資格一法案における臨床心理士と医療心理師の対比

	臨床心理士	医療心理師
定義	臨床心理士の名称を用いて，教育，保健医療，福祉その他の分野において，心理的な問題を有する者の心理的な問題の解消又は軽減を図るため，臨床心理学に関する高度の専門的知識及び技術をもって，次に掲げる行為を行うことを業とする者。	医療心理師の名称を用いて，医師が傷病者（治療，疾病の予防のための措置又はリハビリテーションを受ける者であって，精神の状態の維持又は改善が必要なものをいう。）に対し医療を提供する場合において，当該傷病者の精神の状態の維持又は改善に資するため，心理学に関する専門的知識及び技術をもって，次に掲げる行為を行うことを業とする者。
行為	①心理的な問題を有する者の心理状態を観察し，その結果を分析すること。 ②心理的な問題を有する者に対し，その心理に関する相談に応じ，及び助言，指導その他の援助を行うこと。 ③心理的な問題を有する者の関係者に対し，その相談に応じ，及び助言，指導その他の援助を行うこと。	①傷病者の心理状態を観察し，その結果を分析すること。 ②傷病者に対し，その心理に関する相談に応じ，及び助言，指導その他の援助を行うこと。 ③傷病者の関係者に対し，その相談に応じ，及び助言，指導その他の援助を行うこと。
受験資格	①学校教育法に基づく大学（短期大学を除く。）において主務大臣の指定する心理学等に関する科目を修め，かつ，同法に基づく大学院において主務大臣の指	試験は，学校教育法に基づく大学（短期大学を除く。）において主務大臣の指定する心理学等に関する科目を修めて卒業した者でなければ受けることができないこと。

受験資格	定する臨床心理学等に関する科目を修め，当該大学院の修士課程，博士課程又は専門職学位課程（同法第65条第2項の専門職大学院の課程をいう。）を修了した者。 ②主務大臣が①に掲げる者と同等以上の知識及び技能を有すると認めた者。	
関係者との連携等	①臨床心理士は，その業務を行うに当たっては，教員，医師その他の関係者との連携を保たなければならないこと。 ②臨床心理士は，病院，診療所その他の主務省令で定める医療提供施設において，医師が医療を提供する傷病者に関してその業務を行うに当たっては，医師の指示を受けなければならないこと。	①医療心理師は，その業務を行うに当たっては，医師その他の医療関係者との緊密な連携を図り，適正な医療の確保に資するよう努めなければならないこと。 ②医療心理師は，その業務を行うに当たっては，医師の指示を受けなければならないこと。

て異なっていた。

　この二資格一法案の国会上程に関して，精神科医療関係諸団体が反対した経緯について，精神科七者懇談会総会の文書がよく伝えている。その内容は**資料2-1**のとおりである。

　二資格一法案の廃案後，心理職の国家資格化を目指す動きが仕切りなおされることになった。林は，平成20年（2008年）より日本精神科病院協会の看護・コメディカル委員会と日本臨床心理士会との意見交換にお

資料 2-1

> 2006 年 10 月 26 日
> 精神科七者懇談会総会
>
> 　昨年夏に議員立法として上程されようとした「臨床心理士及び医療心理師法案」は精神科医療関係諸団体から多くの反対声明，修正要求がでて上程は断念されました。
>
> 　その後，本法案骨子に関して，精神科医療関係諸団体との議論はなされておりません。しかし，メディファクス 5032 号の報道によれば，本法案の法制化が再浮上しています。しかも関係団体との調整が終了したかのように報じられていますが，現段階で関係議員などから明確な説明はありません。精神科七者懇談会総会は本法案要綱骨子について現時点でも重大な疑義を持っており，本法案がほぼ昨年同様の内容で国会に上程されるのであれば，反対せざるをえません。
>
> **精神科七者懇談会**
> 日本精神神経学会
> 精神医学講座担当者会議
> 国立精神療養所院長協議会
> 日本精神神経科診療所協会
> 日本精神科病院協会
> 日本総合病院精神医学会
> 全国自治体病院協議会

いて，国家資格化の条件として，臨床という名称を使用しないこと，医療の場における医師の指示の明示の二つが提示されたことを報告している（林 2008）。すなわち，日本精神科病院協会は，「臨床心理士」の国家資格化を認めないことを明言し，日本臨床心理士会において国家資格化を推進するグループが，この条件を受け入れることで，臨床心理士とは

異なる心理専門職の国家資格化に向けて協力する約束が交わされたことになる。医療心理師の国家資格化を支援してきた日本精神科病院協会は，国家資格化を第一の目的とする国家資格推進派が主導する臨床心理士団体とも協力関係を持つことで，臨床心理士とは異なる国家資格「公認心理師」の成立にも大きな影響力を及ぼしたのである。日本精神科病院協会のニュースレター記事[3]（林 2018）によれば，日本精神科病院協会は，前述の二資格一法案が頓挫したあと，医療心理師推進協に臨床心理職推進連との話し合いを促し，平成21年（2009年）に推進協，推進連，日本心理学諸学会連合の三者の会合，「三団体会談」を正式に発足させている。そしてさらに，同協会は精神科七者懇談会「心理職の資格化問題検討委員会」を発足させて，三団体会談との意見交換を開始している。このような経過で発表された平成23年（2011年）10月の三団体会談による心理職の国家資格化の要望書は，**資料2-2**のとおりである。

　二資格一法案では，並置する二つの資格として扱われた医療心理師と臨床心理士であったが，日本心理学諸学会連合の参入や，日本精神科病院協会の意向を受けて，新たな心理職の国家資格化が目指されることになった。平成23年（2011年）当時の三団体の関連図は，**図2-1**のとおりである。

　この新たな国家資格のコンセプトは平成23年（2011年）に出された三団体会談による国家資格化要望書（**資料2-2**）において明示されている。

　国家資格化への要望書によれば，国家資格は名称を「心理師」とする名称独占資格であり，「医療提供施設において」医師の指示を受ける汎用性のある資格であり，受験資格は大学院卒と学部卒後実務経験を経る2

---

[3] 林道彦　日精協　公認心理師法成立までの取り組み　https://www.nisseikyo.or.jp/news/topic/topic.php?id=73　2018年10月20日

資料 2-2　平成 23 年（2011 年）10 月三団体会談による心理職の国家資格化要望書

臨床心理職国家資格推進連絡協議会　会長　鶴　光代 医療心理師国家資格制度推進協議会　会長　織田正美 日本心理学諸学会連合　理事長　子安増生

1．資格の名称：心理師（仮称）とし，名称独占とする
2．資格の性格：医療・保健，福祉，教育・発達，司法・矯正，産業等の実践諸領域における汎用性のある資格とする。
3．業務の内容：①心理的な支援を必要とする者とその関係者に対して，心理学の成果にもとづき，アセスメント，心理的支援，心理相談，心理療法，問題解決，地域支援等を行なう。②①の内容に加え，国民の心理的健康の保持及び増進を目的とした予防並びに教育に関する業務を行なう。
4．他専門職との連携：業務を行なうにあたっては，他専門職との連携をとり，特に医療提供施設においては医師の指示を受けるものとする。
5．受験資格：①学部で心理学を修めて卒業し，大学院修士課程ないし大学院専門職学位課程で業務内容に関わる心理学関連科目等を修め修了した者，②学部で心理学を修めて卒業し，業務内容に関わる施設において数年間の実務経験をした者も受験できる。

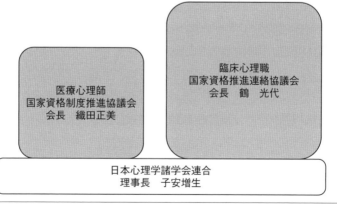

図 2-1　平成 23 年（2011 年）時の国家資格をめぐる三団体関連図

つのコース等の内容となっており，今回，国家資格として出発した公認心理師は，この要望のラインがほぼ実現された資格であることがわかる。

ここまでの流れを見ると，臨床心理士側から，国家資格公認心理師の誕生に向けて積極的に働きかけてきた主体は，臨床心理職国家資格推進連絡協議会であった。

ここで私たちは，臨床心理士がそのまま国家資格として認められなかった事実に直面する。端的にいえば，臨床心理学をその核とし，大学附属の学内実習施設におけるスーパーヴィジョンのもとでの事例担当を養成の要とする臨床心理士資格は，大学院修了を基準とする高い専門性を持つ心理専門職資格であったが，医療現場をはじめとして多職種との連携を求める現場に歓迎されなかったのである。

ふりかえれば，臨床心理学は，自然科学系の心理学と並列する体系として，哲学や生物学にその源を持つジェームズ（James, W. 1842-1910）によって創始された学問体系の流れをくみ実践に基づいて発展してきた。そこでは，一般的な原理の定立よりも，多様な個人の主観的体験の了解が重視されてきた。それは，人間の全人格を視野に，個人と個人が出会い主観的体験を通して互いに影響を与え合う過程を記述し，考察するユニークな学問体系であった。そのような臨床心理学を基盤とする専門職が自然科学を基盤とする医学の体系の中で，医師の指示のもとでチーム医療の一員として動く際には，それぞれの臨床心理士に相当な工夫の積み重ねが求められてきたのである。

2. 臨床心理士と公認心理師の違い

平成 28 年（2016 年）11 月より 29 年（2017 年）5 月まで実施された公認心理師カリキュラム等検討委員会では，いくつかの議論が展開された。その議論の結果，公認心理師カリキュラムは，学部の心理学教育を基礎

として，大学院では，臨床心理士と同様に多様な領域で活動できる汎用性を保証するため，幅広い実践実習と理論の架橋となる科目が多く設定されることになった。

　全国に 160 余校（平成 29 年当時）ある臨床心理士養成指定校の多数は，臨床心理士養成カリキュラムと並行させて公認心理師カリキュラムを実現する課題に取り組むことになった。各大学院の努力の結果，実質的に大学院卒の高い専門性を持つ心理専門職を社会に送り出すことが可能になっている現状である。

　一方，医療心理師サイドからは，学部卒であっても認定された実習プログラムを受けることで受験資格を得るコースが提示された。この実習プログラムの存在により，公認心理師は，他の医療専門職と同様に大学卒で取得可能な資格として位置付けられることになった。世界基準で見れば心理専門職資格が学部卒で取得できることは例外的である。しかし医療領域では多くの医療専門職が専門学校及び学部卒であることから，心理専門職だけが大学院卒を条件にすることが難しいという状況が推察される。主治医の指示のもとのチーム連携において，医学と別の体系の専門性がチームワークを崩すことにつながりかねないと危惧されたかもしれない。医療現場においては，主治医の指示のもとで業務にあたることは当然である。しかし，公認心理師は，医療以外の場においても「心理に関する支援を要する者に当該支援に係る主治の医師がいる場合」主治医の指示を受ける専門職であると法に定められている。この公認心理師法第 42 条第 2 項の医師の指示条項の運用をめぐるガイドラインに関する今後の議論の推移を見守っていきたい。

　ここであらためて，臨床心理士と公認心理師は互いに異なる資格であることを認識しておく必要がある。国民の心理的支援に携わる公認心理師は，心理学をその核として，医療，福祉，教育等の五領域において心

理学の実践を行う心理専門職と定義づけられている。特に医療領域の支援においては，支援に係る疾病の主治医の指示を受け，チーム医療の一員として活動することが求められる。これに対して臨床心理士は，臨床心理学にもとづく知識や技術を用いて，人間の心の問題にアプローチする「心の専門家」である。

3. 「心の専門家」の本質

「心の専門家」は，心に関わるさまざまな相談を受ける。ここではまず個人の心理相談について考えてみよう。日常生活において意欲が低下する抑うつ症状や，不安症状など，心の苦しさが訴えられることもあれば，さまざまな生きづらさが語られることもある。さらに，子育てに関する相談，家族関係に関する相談，対人関係に関する相談，学習，進路，就業に関する相談，自分自身の生き方に関する相談など，その相談内容は幅広い。これらの相談の一つ一つは，よくありがちな相談に思えるかもしれないが，相談するその人の人生にとって一大事であり，重要な意味を持つ問題である。その人の語る困難を聴き，対話しながら，あくまでも来談したその人の固有の価値観を尊重しつつ，その人らしい問題の解決について，一緒に考えていくことが，その専門性の本質なのである。それは一種の職人芸であり，技（アート）の領域に近いものといえるだろう。心理専門職は，全人格をかけて，一事例ごと，一回ごとのセッションに真摯に向き合う。初心者として心理面接を担当する際には，可能であれば一回の面接ごとに丁寧にスーパーヴィジョンを受けるが，スーパーヴァイザーもその全人格をかけて，初心者が担当している事例の経過に耳を傾ける。

心理専門職として一人ひとりの心の問題に関わろうとするとき，その人自身がその問題に対して独自の解決を見出す過程を尊重しながら「一

緒に考える」ことは，簡単なようでいて実は難しい。話を聴いていく中で，気をつけておかねばならないことは，簡単にわかったつもりにならないことである。なぜなら「わかる」ということは，聴き手自身の経験の中で形成してきた理解の参照枠にあてはめることを意味する。ここに落とし穴がある。「わかった」つもりになってしまうと，むしろ目の前のその人から気持ちが離れてしまう。そうではなくて，わからないから，わかろうとして，聴き続ける姿勢が，むしろ求められるのである。

4.　心理専門職資格の意義とその存続

　さて，これから臨床心理士と公認心理師の二つの資格が併存する時代となる。公認心理師は国家資格であり，その資格の意義は自明である。これに対して臨床心理士資格を持っていることの意義は何だろうか？

　国家資格を推進してきた臨床心理士の中には，「国家資格」に備わる「力」を信頼し，公認心理師資格があれば，臨床心理士資格は不要であると考える人もいるかもしれない。しかし，臨床心理学に基づく大学院における養成システムが，日本の心理専門職の質を維持していくために重要な役割を果たすことを考えると，そのような養成の成果としての取得される臨床心理士資格を簡単に捨てるわけにはいかない。臨床心理士養成大学院における附属臨床心理相談施設は，地域に開かれ，国民に臨床心理サービスを提供する拠点として機能する。そこには丁寧なスーパーヴィジョンを提供するという，人と人とのかかわりを重視した教育システムがあり，一人ひとりの院生に心理専門職としての基本姿勢を伝えていくのである。また，これから人生の後半に入ろうとする社会人が，やりがいのある仕事として心理専門職を目指そうとする場合，学部の心理学教育を受けてから大学院に進学し，4年の上に2年を積みあげて公認心理師資格を取得するのか，2年間の大学院の学びにより臨床心理士資

格を取得して専門的業務に携わるのかという二つの選択肢がある。常勤職として医療や福祉の現場で働くときには国家資格である公認心理師資格が求められるが，やりがいを求めて専門職を志す社会人学生の進路として，臨床心理士として，そこで出会う一人ひとりの心の成長過程にじっくり寄り添える心理専門職域を確保していくことの重要さを広く共有していきたい。

　現在の臨床心理士養成指定大学院のうち，附属の臨床心理相談施設において，緻密なスーパーヴィジョンのもと院生がしっかりと事例を担当する臨床心理面接が積み重ねられている大学院は，その養成システムの意義を認識し，その本質を実現しており，今後も臨床心理士養成の主軸を担っていくと思われる。

5. 臨床心理士と公認心理師，二つの専門職資格をめぐって

　たとえてみれば，この二資格は，二人のうち一人が国家の仕事につき，もう一人は実家を守っている兄弟のようである。国家の仕事についた弟は外向的であり，現実対応に優れている。情報をよく収集して，新しい技法を身につけ，どんどん活動の領域を広げていけるだろう。兄のほうは内向的で，1対1の臨床心理面接を続けている。活動の間口はさほど広くはないが，心の深い部分の動きについて精通している。二人は，別々の道を歩んでいるように見えるが，兄弟であり，アプローチは異なるが，どちらのアプローチが優れているというわけではない。

　一人の人が二つの資格を持つとき，内向的な兄と外向的な弟の両方の要素を自分の中で共存させるということになる。どちらか一つの資格を持ち，それぞれのアプローチを特化させていく人もいることだろう。内向的な兄は，1ケース1ケースを大切にこなしていくが，他職種との連

携については苦手感を持つかもしれない。外向的な弟は，次から次へと仕事をこなしているにもかかわらず，十分な手ごたえが得られないまま疲弊感を抱えてしまうかもしれない。こうした行き詰まりを感じたときは，異なるアプローチを学んだり，協力する姿勢が役立つ。二つの異なるアプローチが，互いに相反することなく，個人内で，あるいは個人間で，いろいろな形で相補することで，国民にとってよりよい心理専門職のサービスの提供が可能になるのである。

【参考文献】

河合隼雄（1998）「こころの専門家」の誕生　臨床心理士報　10（特別号）　3-4
馬場禮子（1998）「日本臨床心理士資格認協会の資格認定が発足するまで」臨床心理
　士報　10（特別号）　25-27

【学習の課題】

次の3つのポイントについて，あなたの考えをまとめてみましょう。
ポイント1．心理専門職が国家資格化されたことのメリット。
ポイント2．心理専門職が国家資格化されたことのデメリット。
ポイント3．臨床心理士がそのまま国家資格化されなかった理由。

3 | 心理専門職の倫理を考える

吉川眞理

《**目標＆ポイント**》 心理専門職として求められる倫理の根幹には基本的人権の尊重が存在している。心理専門職の業務において求められる倫理について学ぶ。
《**キーワード**》 基本的人権の尊重，守秘とその限界，インフォームド・コンセント，心理アセスメントの倫理，専門性の習熟義務とその限界

1. 専門職に求められる倫理

　現代において，人々は困ったときにはそれぞれの分野の専門家に援助を求める。身体の不調があれば医師に相談し，社会において自分の権利を守るために弁護士に相談するだろう。心の不調については，心理専門職のもとに相談に訪れる。自分ではどうにもできない問題に直面したときや生きづらさゆえに苦しんでいるとき，人々は傷つきやすく，守りが必要な状況である。では，人々が安心して専門職に頼れるためにはどのような条件があるだろうか。ここで専門職に求められる条件について，ピンコフス（Pincoffs, E. 1919-1991）は，**表 3-1** のようにプロフェッショナル・チェックリストを作成した（村本 1998）。

　このチェックリストに照らせば，心理専門職とは，自己研鑽により，高度な知識を持ち，その知識を実践において応用することができる人をいう。（4）の自律性を持って自己規制する能力を持っていると主張する集団とは，職能団体を指している。職能団体は，専門職従事者らが，自

表3-1　ピンコフスのプロフェッショナル・チェックリスト

(1)	世の中に不可欠で他に代え難いユニークな社会的サービスに従事している。
(2)	高度な知識を備えている。
(3)	その専門職に固有の特殊な知識を応用することができる。
(4)	自律性を持って自己規制する能力を持っていると主張する集団のメンバーである。
(5)	倫理コードを承認し，肯定している。
(6)	高度な自己研鑽を積み，もろもろの行動と決定に対する個人的責任を引き受けている。
(7)	自分のことよりはむしろ社会の利益を第一の関心事として，それにコミットしている。
(8)	経済的報酬よりはむしろサービスのほうに関心を持っている。

(村本 1998 より)

己の専門性の維持・向上や，専門職としての待遇や利益を保持・改善するための組織である。この職能団体は，研究発表会，講演会により会員に自己研鑽の場を提供し，親睦会を開催して会員同士の交流を図り，会報や広報誌などの発行を通して，自らの専門性を社会に広報し，社会における専門職の認知や地位を高める活動を行う。そして職能団体の自己規制の根拠となるのがその倫理コードと倫理規定である。倫理コードには，その専門職が守るべき倫理が明文化されている。心理専門職の倫理コードとしては，公益財団法人・日本臨床心理士資格認定協会による臨床心理士倫理綱領（平成2年）や臨床心理士の職能団体である一般社団法人・日本臨床心理士会倫理綱領（平成21年），さらに心理臨床業務の拠り所となる臨床心理学の学術団体である一般社団法人・日本心理臨床学会による倫理綱領（平成21年）が，それぞれに制定されている。日本臨床心理士会や日本心理臨床学会はいずれもその所属員の倫理綱領を定

表 3-2　臨床心理士倫理綱領

制定：平成 2 年 8 月 1 日 改正：平成 21 年 3 月 21 日 改正：平成 25 年 4 月 1 日

前　文
　臨床心理士は基本的人権を尊重し，専門家としての知識と技能を人々の福祉の増進のために用いるように努めるものである。そのため臨床心理士はつねに自らの専門的業務が人々の生活に重大な影響を与えるものであるという社会的責任を自覚しておく必要がある。したがって自ら心身を健全に保つように努め，以下の綱領を遵守することとする。

＜責任＞
第 1 条　臨床心理士は自らの専門的業務の及ぼす結果に責任をもたなければならない。その業務の遂行に際しては，来談者等の人権尊重を第一義と心得るとともに，臨床心理士資格を有することにともなう社会的・道義的責任をもつ。

＜技能＞
第 2 条　臨床心理士は訓練と経験により的確と認められた技能によって来談者に援助・介入を行うものである。そのためつねにその知識と技術を研鑽し，高度の技能水準を保つように努めることとする。一方，自らの能力と技術の限界についても十分にわきまえておかなくてはならない。

＜秘密保持＞
第 3 条　臨床業務従事中に知り得た事項に関しては，専門家としての判断のもとに必要と認めた以外の内容を他に漏らしてはならない。また，事例や研究の公表に際して特定個人の資料を用いる場合には，来談者の秘密を保護する責任をもたなくてはならない。

＜査定技法＞
第 4 条　臨床心理士は来談者の人権に留意し，査定を強制してはならない。また，その技法をみだりに使用してはならない。査定結果が誤用・悪用されないように配慮を怠ってはならない。臨床心理士は査定技法の開発，出版，利用の際，その用具や説明書等をみだりに頒布することを慎まなければならない。

＜援助・介入技法＞
第 5 条　臨床業務は自らの専門的能力の範囲内でこれを行い，つねに来談者が最善の専門的援助を受けられるように努める必要がある。
　　　　臨床心理士は自らの影響力や私的欲求をつねに自覚し，来談者の信頼感や依存心を不当に利用しないように留意しなければならない。その臨床業務は職業的関係のなかでのみこれを行い，来談者又は関係者との間に私的関係をもってはならない。

＜専門職との関係＞
第 6 条　他の臨床心理士及び関連する専門職の権利と技術を尊重し，相互の連携に配慮するとともに，その業務遂行に支障を及ぼさないように心掛けることとする。

＜研究＞
第 7 条　臨床心理学に関する研究に際しては，来談者や関係者の心身に不必要な負担をかけたり，苦痛や不利益をもたらすことを行ってはならない。
　　　　研究は臨床業務遂行に支障をきたさない範囲で行うよう留意し，来談者や関係者に可能な限りその目的を告げて，同意を得た上で行うこととする。

＜公開＞
第 8 条　心理学的知識や専門的意見を公開する場合には，公開者の権威や公開内容について誇張がないようにし，公正を期さなければならない。特に商業的な宣伝や広告の場合には，その社会的影響について責任がもてるものでなければならない。

＜倫理の遵守＞
第 9 条　臨床心理士は本倫理綱領を十分に理解し，違反することがないように相互の間でつねに注意しなければならない。また，臨床心理士は倫理委員会の業務に協力しなければならない。

（日本臨床心理士資格認定協会）

めているが，臨床心理士の全有資格者に対する倫理綱領という点で，本章では日本臨床心理士資格認定協会による臨床心理士倫理綱領（平成2年制定）を紹介する（**表3-2**）。なお公認心理師の倫理綱領については，まだ公表される段階に至っていないが，今後公表された折には，そちらも参照されたい。

　さて，臨床心理士倫理綱領前文で「臨床心理士は基本的人権を尊重し，専門家としての知識と技能を人々の福祉の増進のために用いるように努めるものである。」と述べられる。まず，基本的人権について，確認してみよう。

　基本的人権は，日本国憲法第13条で「すべて国民は，個人として尊重される。生命，自由及び幸福追求に対する国民の権利については，公共の福祉に反しない限り，立法その他の国政の上で，最大の尊重を必要とする」と述べられ，「侵すことのできない永久の権利」（日本国憲法第11条）として保障されている。具体的には，自由権，参政権，社会権，受益権等が憲法に記述されているが，近年では第13条の「個人として尊重される」という記述をもとに，プライバシー権，知る権利，自己決定権など一連の新しい人権が広がっている。また日本国憲法第25条「すべて国民は，健康で文化的な最低限度の生活を営む権利を有する。国は，すべての生活部面について，社会福祉，社会保障及び公衆衛生の向上及び増進に努めなければならない。」を，心理的な生活にもあてはめることで，心理専門職の社会的ニーズの根拠として理解することができる。

2.　守秘について

　ここで心理専門職にとって最も根幹となる倫理として，守秘をとりあげたい。臨床心理士倫理綱領（**表3-2**参照）では，第3条に「臨床業務従事中に知り得た事項に関しては，専門家としての判断のもとに必要と

認めた以外の内容を他に漏らしてはならない。」と記述されている。守秘は「業務において知り得た事項について，その内容を他に漏らさないこと」と説明される。また，公認心理師法では，第41条に「公認心理師は，正当な理由がなく，その業務に関して知り得た人の秘密を漏らしてはならない。公認心理師でなくなった後においても，同様とする。」と明記された。このような守秘は，心理専門職だけでなくあらゆる専門職や公職にも共通の倫理である。守秘の原語はconfidentialityであるが，これを守秘と訳すことで，「業務上知り得た内容を他に漏らさない」という結果のみを指していると誤解されがちである。しかし本来のconfidentialityの語義は，信頼のもとに打ち明けられたことを意味するconfidenceがその語源となる（村本1998）。つまり，心理専門職に対して，支援を求める人は全幅の信頼を寄せて自分自身の情報を開示する。心理専門職は，専門職であるがゆえに本来は知り得ない相手の情報を知ることになる。それゆえに心理専門職は，その専門性をもって情報を受け取り，責任をもってその情報を扱うことが求められる。個人情報をきちんと管理し，本人の同意なく情報を外に漏らしてはならないのである。

　たとえば日常生活において私たちは，私人として知り得たAさんの情報をBさんに伝えることがあるかもしれない。しかし，専門職としてAさんから聴いた話の内容は，本人の同意なく他者に伝えてはならない。それが専門職として人の話を聴くということなのである。私人としてAさんの信頼を裏切ることについて道義的な問題や罪悪感はあっても罰則はない。しかし専門職としては支援を求める人の信頼を決して裏切ることがあってはならない。それは専門職資格を放棄する行為なのである。支援を求める人はそのような守秘が約束されていることで，心理専門職に安心して話をすることができるのである。

3.　守秘の限界とインフォームド・コンセント

　しかし，この守秘義務には限界がある。心理専門職の限界が明確にされた事件として，1969 年の米国におけるタラソフ事件を紹介しよう。カリフォルニア大学バークリー校の学生保健サービスセンターでカウンセリングを受けていたポダーは，タラソフという女性を殺すつもりであることを心理専門職のムーアに打ち明けていた。ムーアは同僚に相談し，ポダーが加害に及ぶ危険があり，観察のために精神科病院に入院させるべきであると査定し，大学内の公安部にその危険を告げた。大学内の公安部はポダーの身柄を一旦は拘束したが，彼がタラソフには近づかないと約束したため釈放した。その間，タラソフとその家族は，危険が及ぶ可能性についてまったく知らされておらず，彼女はポダーに殺害されてしまった。彼女の両親は大学と職員に対して，被害者になりうる者にその危険を警告する義務を怠ったとして訴訟を起こした。1976 年，カリフォルニア州最高裁判所は，両親の訴えを認めた。すなわち，心理専門職は被害者になりうる者に警告をする義務があり，これは守秘義務よりも優先されることになったのである。タラソフ事件に対する裁判の結果，支援を求める人自身に限らず，その周囲の人の生命の危機が予測されるときは，心理専門職は守秘を破って必要な対応をとるべきことが明言されたのである。人の生命が何より優先されるという原則に基づく判断であるが，実際の専門業務においてはその判断は非常に難しい。その判断の難しさについては，次章でも扱いたい。

　このような守秘の限界について，最初の段階でしっかりと伝えることが求められる。そのうえで支援を求める人や集団の主体的な意志決定による同意を得て，心理専門職の業務が開始されるのである。なお，未成年者については，可能な限り本人の意志決定を尊重するが，難しい場合

には保護者の意志決定によりこれに代えることになる。

　このように，提供される専門職の業務についてあらかじめ説明を行い，その上で同意を得て業務を行うことをインフォームド・コンセントと呼ぶ。守秘の限界以外に，これから開始する心理専門職の業務が，どのような目的を持ち，またどのような影響を及ぼしうるかについて，できるだけ相手に伝わりやすい言葉で説明する努力が求められる。新しい基本的人権と呼ばれる自己決定権が重視される現代において，心理専門職の業務に不可欠の手続きとなっている。

4. 心理的アセスメントにおける倫理

　臨床心理士倫理綱領第4条に「臨床心理士は来談者の人権に留意し，査定を強制してはならない。また，その技法をみだりに使用してはならない。査定結果が誤用・悪用されないように配慮を怠ってはならない。」とあるように，心理的アセスメントを行うときにも，そのアセスメントが何を目的として，何を測定するのか，アセスメントを受ける相手に伝わる言葉で説明をした上で同意を得るインフォームド・コンセントが重要である。また査定結果については，得られた数値やプロフィールをそのままではなく，検査を受けた人がよりよい生活を送るために役立てられる所見にまとめて，対話ができる状況で返却することが望ましい。「この結果について，検査者はこのように考えたが，あなた自身の実感としてはどうでしょう。」といったやりとりが有効であるだろう。これによって，検査を受けた人は，自分自身をふりかえる資料を受け取りながら，その資料が絶対的なものでなく，むしろ自分がその結果をどう受けとめ，今後どのように活かそうと思っているかが重要であることを実感できるのである。

　心理検査に限らず，私たちはさまざまなテストの結果に一喜一憂する。

それは私たちのある一側面を数値化したものにすぎないのだが，それをまるでその人の全人格の指標のように誤解されてしまうことが多い。それは，一線上に並べられる性質がある数値の持つ魔力かもしれない。数値による位置づけが，自己の価値として誤解されてしまう。特に知能検査にはその傾向が強い。それは，心理検査結果の誤解であり，また結果を受け取る本人の周囲がそのように誤解した場合には，本人に対してよくない影響を及ぼしてしまうだろう。

　心理検査を受けた人自身に真に役立つ所見を書くためには，相当な習熟が必要である。特にロールシャッハ法などの投映法については，その習熟に時間がかかるといわれている。また投映法については，その図版や解釈理論が一般に開示されてしまうと，検査を受ける人が意図的に反応を歪曲させることが可能になるために，心理検査結果の客観性が損なわれてしまうことになる。そのために「査定技法の開発，出版，利用の際，その用具や説明書等をみだりに頒布することを慎まなければならない。(臨床心理士倫理綱領第 4 条)」という倫理が求められるのである。

　また，心理検査の結果は検査を受けた人の個人情報である。心理専門職は，その個人情報を責任を持って取り扱うとともに，個人から求められた際には，これを開示する必要がある。

5. 基本的人権を尊重する心理的支援

　さて，心理的支援を行う場合，心理専門職はまず，支援を求める人の基本的人権を尊重する。そのために，支援的な人間関係そのものが，すでにあるバイアスを生じやすいことを十分認識しておかねばならない。心理的支援を求める人は，何かが思い通りに進まない状況にあり，生きづらさや傷つきやすさを抱えている状況にある。そこでは「この問題を何とかしてくれる」万能的な助け手や，「苦しみや傷を取り去ってくれる」

癒し手が求められがちである。そのような役割を求められたとき，支援者として関わることは，支援を求める人に大きな信頼と期待を抱かせ，支援者に頼りたいという気持ちを生じさせやすいこと，支援者の言動は非常に大きな影響力を及ぼしうることについて，まずしっかりと認識しておきたい。同時に自分自身についても「人の役に立ちたい」という欲求を持って，支援を求める人と関わろうとしていることを自覚しておかねばならない。これらのことは，心理的支援の開始にあたって，必ずしもその過程を阻害するものではなく，むしろ，かなりの部分は，その推進力となる。しかし，本来の心理的支援の目的は，支援を求める人に代わってその問題を解決することではなく，その苦しみや痛みを取り去ることでもない。支援を受ける人が抱えている問題も，苦しみも，痛みも，その人の人格全体の中での重要な体験である。その人の人格は，これらと向き合い抱えて生きぬいていくことで，成長していくのである。したがって，心理的支援者が，自身の満足の為に本人に代わってこれを解決したり，苦しみを取りのけようとすることは，本人の人格の成長のチャンスを奪い，心理的支援者への依存を強める結果をもたらし，非常に有害な影響をもたらしかねないのである。心理専門職は支援する際に，自己有効感を得たいためにそのようなことをしてしまっていないか，自分自身の依存欲求の逆転として他者に依存されることを求めていないか，常に自分自身に問いながら，またスーパーヴィジョンを受けることで，自分のそのような傾向を客観視することが求められる。

　心理的支援者としての心理専門職の真の役割は，支援を受ける人がこのような問題や傷つきを抱えて生きるその過程において，その人自身の人格が成長するプロセスを支援することである。その支援において重要なことは，その苦しみを一緒に抱え続けることである。心理的支援にはさまざまなアプローチがあるが，いずれも支援を受ける人が，抱えてい

る問題や傷つきを乗り越えて生きていく作業の協働作業なのである。

　この作業の協働者として自らを位置づけるとともに，支援を求める人自身がその協働のパートナーであることを認識することが，基本的人権を尊重した心理的支援といえるだろう。

6.　心理的支援における人間関係について

　心理的支援は，支援者と支援を求める人との対人関係を通して行われる。心理専門職は，その対人関係が，日常生活の対人関係と質の異なる人間関係であることを認識し，職業的人間関係と私的な人間関係を混同する「多重関係」を避けなければならない。ここで職業的人間関係と私的な人間関係は，どのような違いがあるのかについて確認しておきたい。まず，私たちは，日常の対人関係では，互いにさまざまな期待を向ける。その期待は満足させられることもあり，ときには裏切られて傷つくこともあるだろう。これに対して，心理専門職は，支援を求める人の支援のために職業的人間関係を持つのであって，決して自分の満足を得るためにその人間関係を利用してはならないのである。具体的には，日本臨床心理士会の倫理綱領第 3 条に「対象者等に対して，個人的関係に発展する期待を抱かせるような言動（個人的会食，業務以外の金品の授受，贈答及び交換並びに自らの個人的情報についての過度の開示等）を慎むこと。」と書かれているとおりである。

　たとえば，継続的心理面接においては，支援者は来談者が抱えている問題をいかに解決していくかについて，毎週 50 分間，その人が自由に語る時間を提供する。支援者はその話に耳を傾けて，その人と一緒にその問題について考え，来談者自身が二人の対話の中で，問題の解決の方向を見出していくのである。日常の対人関係では，私たちは自分のことばかり話すわけにはいかない。自分の話をした後には，相手の話を聴く役

に回るよう心がける人は多いだろう。これに対して継続的心理面接では，基本的に批判されることなく，その人の主体性が尊重され，その人の心の体験や抱えている問題を中心に対話が進んでいく。そこで話された心情は，基本的に批判されることなく受けとめられる。こうしてじっくり自分の話を聴いてくれる支援者に対して，支援を求める人が支援者との関係にさまざまな期待や感情を抱くことは自然の現象であるだろう。場合によって，心理的支援者に理想の母親像や父親像，あるいは恋愛対象のイメージを重ねる人もいるかもしれない。精神分析的アプローチにおいては，その期待や感情の体験は「転移」として理解され，取り扱われ，精神分析を導く大事な機能を持つ。一方，そのような期待や感情を向けられることで支援者の側に生じるさまざまな感情的な反応は「逆転移」と呼ばれる。このように支援者に逆転移感情が生じることも人間として自然な現象であるが，その逆転移には，支援者自身の心のありようが深く関連してくる。たとえば，依存の感情を向けられたとき，支援者は自分の存在が認められたように感じて，その依存に応じたくなったり，逆にそれを負担に感じて距離をとりたくなるかもしれない。そのような逆転移を止めることはできないが，支援者は自分の心の動きについて理解することで，その感情のままに流されることを抑止することはできる。支援者は，自分自身の逆転移感情を認識し，これを，支援を受ける人と自分との間に生じている対人関係を理解するセンサーとして用いながら，支援を受ける人の転移感情を理解することが重要となる。そのため，心理専門職は，自分自身の内的な心の動きを否定的なものも含めてしっかり認識しておく必要がある。このような意味で，臨床心理士倫理綱領第5条に「臨床心理士は自らの影響力や私的欲求をつねに自覚し，来談者の信頼感や依存心を不当に利用しないように留意しなければならない。その臨床業務は職業的関係のなかでのみこれを行い，来談者又は関

係者との間に私的関係をもってはならない。」（**表3-2**参照）と記載され
ているのである。

7. 心理専門職としての研鑽と自らの限界を知ること

　心理専門職として支援を受ける人と会うにあたって，「訓練と経験に
より的確と認められた技能によって来談者に援助・介入を行うものであ
る。そのためつねにその知識と技術を研鑽し，高度の技能水準を保つよ
うに努めることとする。一方，自らの能力と技術の限界についても十分
にわきまえておかなくてはならない。」（臨床心理士倫理綱領第2条，**表
3-2**参照）と述べられているように，知識と技術の研鑽に努めながらも，
自らの能力と技術の限界についての認識が求められる。公認心理師法第
43条にも，「公認心理師は，国民の心の健康を取り巻く環境の変化によ
る業務の内容の変化に適応するため，第2条各号に掲げる行為に関する
知識及び技能の向上に努めなければならない。」と述べられているが，知
識と技能の研鑽をいくら積み上げてもその限界は存在する。限界を超え
ると自ら判断する場合には，その一つの選択として，支援を求める人に
とってより適切な支援者を紹介することも誠実な対応といえるだろう。
「臨床業務は自らの専門的能力の範囲内でこれを行い，つねに来談者が
最善の専門的援助を受けられるように努める必要がある。」（臨床心理士
倫理綱領第5条，**表3-2**参照）と述べられるとおりである。

8. スーパーヴィジョンの活用

　自分自身の知識と技能，技術の限界を認識したときのもう一つの選択
肢として，スーパーヴィジョンの活用がある。心理専門職のスーパーヴィ
ジョンは，面接経過の進行とともに定期的に受けることでもっともその
効果を得ることができる。自分でどう対応してよいかわからない困難な

ケースや，継続できているが自分がどのような役割を果たしているのか
わからなくなっている事例について，面接の記録をもとにスーパーヴァ
イザーと共に丁寧に検討するセッションである。スーパーヴィジョンで
面接の内容が取り扱われることについては守秘の例外と解釈されるが，
インフォームド・コンセントの観点から，面接の開始時に守秘の限界の
一つとして説明されていることが望ましい。たとえば「よりよい心理的
支援を提供するために必要な場合には個人が特定できる情報を伏せた上
で熟練者にスーパーヴィジョンを受ける場合がある」という説明が可能
だろう。スーパーヴィジョンを受けることで，その事例は，スーパーヴァ
イザーとスーパーヴァイジー（スーパーヴィジョンを受ける人）の関係
において抱えられていくことになる。具体的には，スーパーヴァイジー
が定期的なスーパーヴィジョンにおいてセッションの経過をふりかえり
つつまとめて提出する努力，これをセッションで両者が検討するエネル
ギーの注入と，スーパーヴァイザーの経験に裏づけられた助言により，
専門的サービスの質が高まり支援を求める人の福祉につながる。同時に，
心理専門職は自身の知識や技能，技術の限界をより深く知り，スーパー
ヴァイザーからの知識の提供や技能，技術の教示を取り入れ，さらに最
も重要なことは，スーパーヴァイザーが心理専門職のモデルとして機能
することで，専門的な知識や技能が実際にどのように実践に活かされて
いるかを学ぶことができる。これは，心理専門職領域における生きた知
識と技能の研鑽であるといえるだろう。

【参考文献】

Pincoffs, E.（1971）Quandary ethics. Mind 75, 552-571

日本臨床心理士資格認定協会（1990）臨床心理士倫理綱領

日本臨床心理士会倫理綱領　2009 年 4 月 1 日施行

村本詔司（1998）心理臨床と倫理　朱鷺書房

公認心理師法　2017 年 9 月 15 日施行

【学習課題】

1．心理専門職の倫理綱領を二つ調べて，その両者を比較して，それぞ
　　れの特徴をまとめてください。
2．世界人権宣言において保証されている基本的人権とはどのようなも
　　のですか？　また，世界人権宣言の意義についても論じてください。

4 | 心理専門職として出会う 倫理葛藤

吉川眞理

《目標＆ポイント》 現場において専門職に求められる倫理の実現には葛藤が存在することが多い。守秘義務と連携における情報共有，自己決定権等，それらの倫理的義務の葛藤の実際について考え，倫理との向き合い方を学ぶ。
《キーワード》 倫理義務の葛藤，守秘義務と情報共有，自己決定権

はじめに

　前章では心理専門職の倫理について紹介した。心理専門職はこれらの倫理的義務を守るように求められるが，それは簡単なことではない。なぜなら実践の場面では，複数の倫理的義務が関わってくるために，ある倫理的義務を遂行しようとすれば，別の倫理的義務が守れなくなるという葛藤が存在するからである。このような倫理的義務の葛藤をいくつか紹介してみる。

1. チーム内守秘義務について

　医師をはじめとして，さまざまな医療専門職には守秘義務がある。そして，彼らがチームで仕事をする際には，情報はチーム内で共有される。同一医療機関内の情報提供は，個人情報の第三者提供に該当しないとみなされ，本人の同意なく情報交換できるのである。医療現場におけるカルテは，その情報を共有するためのツールであり，カルテの果たす役割

の大きさや管理の厳重さを考えると，情報の共有や守秘の重要さが実感される。病棟に入院している患者の情報は，常にカルテによって医療スタッフ間で共有されているからこそ，患者は担当看護師が毎日変わっても安心してケアを受けることができるのである。医療チームは，患者の身体的な疾患の治療を目的として機能している。心理専門職が医療現場においてチームの一員として加わる際には，この目的に沿った情報を共有しながらの連携が求められるのである。

　同様に，児童相談所や養護施設など福祉現場で働く心理専門職も，それぞれのチームの一員として情報を共有することになる。学校で働くスクールカウンセラーにも同様の連携が求められる場面が多い。そこには，個人をチームで支援する体制がある。チームで協働する限り，チーム内守秘のもとでの情報共有が前提となるのである。

2.　公認心理師法における守秘義務と連携義務

　公認心理師法において，秘密保持義務は，第41条に「公認心理師は，正当な理由がなく，その業務に関して知り得た人の秘密を漏らしてはならない。公認心理師でなくなった後においても，同様とする。」と定められ，本条に関しては，一年以下の懲役または三十万円以下の罰金という罰則規定（第46条）が定められている。続く第42条は「公認心理師は，その業務を行うに当たっては，その担当する者に対し，保健医療，福祉，教育等が密接な連携の下で総合的かつ適切に提供されるよう，これらを提供する者その他の関係者等との連携を保たなければならない。」と連携の義務が定められている。これらの条文により，守秘は優先されるが，連携の義務を妨げるものであってはならないことが示されていると考えられる。

　このように，連携におけるチーム内守秘，集団守秘を考慮するとき，

心理専門職本来の守秘をどのように考えるべきかについて，判断が難しくなることも多いのではないだろうか。第1章，第3章で確認してきたように，心理専門職は，その場で話されたことは外に漏らさないという信頼関係のもとで，支援を受ける人の話をしっかり聴く専門職である。そこで，他の専門職にとっての守秘義務と心理専門職の守秘義務は，意味合いが異なる部分があることも認識しておく必要がある。他の医療専門職にとって守秘すべき「職務上知り得たこと」は，主としてその人に関する情報である。たとえば，症状や診断，検査の結果，また家族の状況，経済的状況など，事実に関する情報であることが多い。そこには，対外的には明かされない「秘密」の事実も含まれるだろう。特に医療専門職の業務の目的にとって重要な事項，支援を求める人の人権や生命，健康を脅かす事実については，チーム支援において，チーム内守秘のもとで情報を共有することになる。こうした法律上の守秘義務は，他職種と同様に心理専門職にも課されている。心理専門職がチームとして支援にあたるとき，その支援にとって重要な情報については共有されることになるが，情報を共有することについて，あらかじめ支援を受ける人に許可をとっておく必要がある。許可が取れていない場合でも，支援を受ける人を守るために情報の共有を行うときは，そのことを含めてチーム内の守秘を確実なものにする必要がある。

　一方で，心理専門職は事実に関する情報だけでなく，その人の「心」，すなわち内的，主観的な体験について聴き取る専門職である。そのような内的，主観的な体験について語られた内容は，心理専門職と支援を受ける人との間の関係性の中におさめられていく。心理相談の場が，語られた心の体験のコンテナー（容器）として機能する。そこで，心理専門職は，支援を受ける人自身で抱えきれない心の体験を一緒に抱える存在として認知されるのである。

　こうした特性ゆえに，支援を受ける人が心理専門職に語った，内的，主観的な内容は，必ずしもチーム内で共有する必要はない。語られた内容ではなく，語りを聴いた心理専門職による見立てや印象については，共有が推奨される。それがチームの支援をより的確にするために役立つ情報となるからである。医療現場において心理専門職に求められることは，相談で語られた内容の中で，連携のため共有すべき事実はどれかを峻別し，必要に応じてクライエントの許可を得て，カルテに書き込んでいくことであるといえるだろう。

（1）うつ状態で休職中の患者のカウンセリングにおける連携

　うつ状態で医療機関を受診し休職することになった患者の心理カウンセリングを担当する場合の連携について考えてみたい。

　休職中の患者は，回復のために投薬と休養が必要であるということは十分説明されているが，休職していることに罪悪感を持ち，同僚や家族に対して申し訳ないと感じて，ゆっくり休養できていないこともしばしば見受けられる。心理専門職は，休養することの意味や必要性について説明し，休職中の患者が日々感じていること，考えることにじっと耳を傾ける。薬に頼り続けることへの不安が語られた場合「今話してくださった不安について，主治医に伝えてみてください。」と伝え，カルテに「投薬について Dr. に相談希望」と書き込む。復職について考えるとなかなか眠れないという訴えについては，「眠れないことを医師にも相談してください」と伝えて，「復職について考え始めると寝つきにくい」と主治医の判断に重要な事項として書き込む。しかし，症状の変化と直接関係のない内容や，趣味についての話，これまでの生き方についてのふりかえり，仕事に関する行き詰まり感については，その内容には詳しく触れずに「自身の生き方，仕事についてふりかえり」と簡略に記載する。心

理カウンセリングを投薬や生活指導と並行して行うことで，うつによる休職をきっかけに，これまでの生き方をふりかえる機会となる。また，仕事をすることが自分自身にとってどういう意味があるのかについて考えた上で，復職後の再発を防止する効果が期待される。その詳しい内容や，患者の内的，主観的な体験については，心理専門職に対する信頼関係のもとで時間をかけて語られたものであり，すべてを他の医療スタッフと共有する必要はないし，多忙な医療スタッフ側でもそれを求めないだろう。その中で特に主治医に伝えておきたいことがあれば，機会を見つけて口頭で伝える工夫も重要である。

　カウンセリングの場において，患者が「死んでしまいたい」と発言するとき，どのように対応すればよいのだろうか。まず，「死んでしまいたい」気持ちの背景に，どんな体験や思いがあるのかをしっかり聴き取ることが第一歩である。次に患者自身が，その気持ちとどのように向き合おうとしているのかについて話し合い，その気持ちが切羽詰まっていると察知できた場合は，「ずいぶん苦しい状況にあると思うので，この苦しい状況を乗り切るために病院がお手伝いできることを考えさせてほしい」「主治医にも相談してほしい」と伝える。患者がその申し出を拒否したときは，「私から主治医にあなたの苦しい状況を伝えてよいか」と許可を求め，チーム医療として患者の危機に対応できる体制につなげていく。しかし，患者が「今話した気持ちは正直な気持ちだが，今すぐ実行しようとは思っていないので主治医には話さないでほしい。」と言うこともある。その場合は「あなたが一人でその気持ちを抱えていくのは大変なので，一緒にその気持ちについて考えさせてほしい。そのために，来週のこのセッションに必ず来てほしい。」と伝えて患者と約束を交わす。患者のこのような発言は，命に関わる事項としてチーム内守秘のもとで慎重に扱っていく。そのためにも，病院や組織の中でカウンセリングを行

う場合，最初の時点で守秘の限界についてしっかり説明して同意を得ておくことが必要になるのである。

（2）スクールカウンセラーの守秘義務

　スクールカウンセラーは，守秘のもとに相談を受けるが，学校関係者の一員として業務を行っている。学校臨床心理士のためのガイドライン（1995）では「狭義の守秘義務を前面に主張するのではなく学校全体で守秘義務の大切さを考えていく方向を念頭におくこと」と述べられている。長谷川（2003）は，「チーム内守秘義務」の視点について，以下の5点を提言している。

①スクールカウンセラーは，心理専門職としてクライエントに関する守秘義務を大切にしなければならない。

②スクールカウンセリングの活動はチームとしての相談であることが多く，「個人内守秘義務」というより「チーム内守秘義務」を負うと考えられる。

③チーム内守秘義務を徹底させるような話し合いをすること。

④チーム内守秘義務を守ったうえで，クライエントの抱えている問題解決のために教員と情報を共有する場合がある。しかしその場合でも，教員が必要としている情報とカウンセラーが守るべき情報は質的に異なっていることが多い。カウンセリングで得たすべての状況を提供する必要はまったくない。

⑤クライエントの利益のために教員と情報を共有する必要があると判断した場合，事前にクライエントの了承を得ることが望ましい。

　これをふまえて，西井（2003）は，個々のスクールカウンセラーはどの情報をどのように学校関係者と共有すればよいのか迷う場面が多いことについて言及している。スクールカウンセラーは，話を聴きながら，

真にその人の信頼を受け，その人を尊重するとはどういうことか，学校の信頼を受け，学校を尊重するとはどういうことか，考え続けていかねばならない。西井は，心理専門職として自分が「やれること，やれないことを十分見極める目をもたねばならない。」とし，そこに，心理専門職の責任，倫理性があると論じている。そこでは，個人としてのクライエントとの人間関係，チームの一員としての学校との関係を強化する方向ではなく，その関係を深める方向，すなわちゆるぎない信頼感を形成する必要性が強調されている。

（3）スクールカウンセラーにおける守秘の例外事項について

心理専門職として話を聴いている場合にも，次の事項に関しては守秘の例外となる。

1）虐待

児童虐待防止法（児童虐待の防止等に関する法律）第6条において，虐待を疑う事例を発見した者は行政機関に通告する義務がある。さまざまな現場で働く臨床心理士は，その業務の中で虐待が疑われる子どもに出会う機会がある。その場合，組織に所属して，チームの一員として子どもを支援している場合は，まず組織の中で虐待の可能性について協議し，組織として通報する。スクールカウンセラーの場合は，まず管理職に報告することが求められる。

2）いじめ

平成25年（2013年）いじめ防止対策推進法が制定されたことに引き続いて，その効果的な施行のために，平成29年3月「いじめの防止等のための基本的な方針」が改定されるとともに，「いじめの重大事態の調査に関するガイドライン」が策定され，さらに事例集も公表されている。

「いじめ防止等のための基本的な方針の改定」では，（4）学校における

いじめの防止等に関する措置のいじめに対する措置の項目において，「学校の教職員がいじめを発見し，又は相談を受けた場合には，速やかに，学校いじめ対策組織に対し当該いじめに係る情報を報告し，学校の組織的な対応につなげなければならない。すなわち，学校の特定の教職員が，いじめに係る情報を抱え込み，学校いじめ対策組織に報告を行わないことは，同項の規定に違反し得る。」と明示されている。

　「いじめ対策に係る事例集」には，47 の具体例に沿って望ましい対応，避けるべき対応がわかりやすく示されており，ネット上で公開されている。その中で，深刻な事態に至った事例をとりあげたい。
以下は，事例 20 の概要である。

　中学 2 年の男子生徒 A は，部活において失敗を責められるかのような言動を受けていた。また，2 年次のクラス内において，同級生から顔を殴られ，頭を机に押しつけられ，わき腹を突かれるなどの暴力，ちょっかい，からかいの対象とされ，心理的・物理的な暴力を受けていた。こうした行為に対し，A は精神的な苦痛を感じ，生活記録ノートに記載をするなどして担任に訴えたり，家族に相談もしていた。2 年次の 6 月頃には，いじめとの関係で希死念慮が表明されるようになった。そして A は，2 年次の 7 月に自ら命を絶ったのである。

　この事例に対するコメントとして，担当教員は，A の周囲で発生したもめ事やトラブルに関してそのつど対応してきたが，A と担当教員との 1 対 1 の関係における対応にとどまり，教員全体での情報共有は十分とは言えず，当該中学校全体あるいは学年全体として A に関わり，対策を講じることについては極めて不十分であったと述べられている。

　A が，1 年次から生活記録ノートに「死」という言葉を記載していた

にもかかわらず，教員の多くは，それを「気を引こうとする」ための記載であるという理解にとどめてしまい，より踏み込んだ介入をしていなかった。このことについて調査組織は，A自身が家族への報告を望まなかったこと等さまざまな理由があったとしても，Aが「死」という言葉を記載したという事実について，一度もAの保護者に情報提供をしなかったことも当該中学校の不適切な対応と認定されている。

　この事例は，前述の「いじめ防止等のための基本的な方針の改定」にあるように，担当の教員がいじめの重大事態と認定されるべき状況を一人で抱え込むことがないように，学校の組織的な取り組みにつなぎ，専門職との連携を進めるように，という明確なメッセージが込められている。この事例では，担任が情報を抱え込んでいたという設定であるが，「いじめ防止等のための基本的な方針の改定」では，実際に「学校の特定の教職員が，いじめに係る情報を抱え込み，学校いじめ対策組織に報告を行わないこと」を違反としており，これはスクールカウンセラーにも関わる方針であることに留意しておきたい。すなわち，スクールカウンセリングの場において，いじめの被害が語られた場合，本人の同意がなくても，学校の組織と情報を共有することが求められる可能性について認識しておく必要がある。また，深刻な事態やその前駆とみなされる希死念慮や心的症状，自傷行為等が語られたときも，同様である。つまり，いじめ防止対策推進法により，スクールカウンセラーは，いじめに関わる情報については，虐待と同様に，専門職としての守秘の例外としてチーム内守秘における共有を求められることを認識しておかねばならない。

3. 守秘の限界と心理専門職の限界

　心理専門職が，専門職として機能できるのは守秘を守ることができる

範囲においてである。守秘の限界に達したとき，それは個人としては対応できない限界に達したことを意味している。いじめ防止対策推進法制定以前のスクールカウンセラーは，いじめの話題や「いなくなってしまいたい」という気持ちの表明を守秘のもとで聴き，本人とカウンセラーの間で抱えていくこともあった。しかし，現在は，その話が出たところで，チーム対応につなぐことを検討する必要がある。いじめによる自殺をふまえて，いじめに対して学校が積極的に取り組むようになり，チームとして共有しながら対応する姿勢が大きく打ち出され，スクールカウンセラーはチームの一員として対応することが求められている。ここで，スクールカウンセラーは，どこまで個人として引き受けることができ，どこから引き受けられないかについて，その限界をよく認識することを求められるようになったのである。

　一方，組織の外で心理専門職として対応する場合，どこまで心理専門職として守秘をひきうけることができるかが重要な問題となる。

　公認心理師の場合，公認心理師法第 42 条第 2 項において「公認心理師は，その業務を行うに当たって心理に関する支援を要する者に当該支援に係る主治の医師があるときは，その指示を受けなければならない。」と定められている。この条文については平成 30 年（2018 年）に文部科学省初等中等教育局及び厚生労働省社会・援護局障害保健福祉部より「これは，公認心理師が行う支援行為は，診療の補助を含む医行為には当たらないが，例えば，公認心理師の意図によるものかどうかにかかわらず，当該公認心理師が要支援者に対して，主治の医師の治療方針とは異なる支援行為を行うこと等によって，結果として要支援者の状態に効果的な改善が図られない可能性があることに鑑み，要支援者に主治の医師がある場合に，その治療方針と公認心理師の支援行為の内容との離齬を避けるために設けられた規定である」として運用基準が通知されている。主

治の医師からの指示への対応に関する事項を抜粋した内容を**表4-1**に示しておく。この運用基準については，適宜見直しを行っていくものとされているが，早くも医師側から見直しへの要請が出ている。たとえば日本精神神経学会は，2018年5月の『公認心理師法第42条第2項に係る主治の医師の指示に関する運用規準についての見解』において，「主治の医師に直接連絡を取る際は，要支援者（略）の同意を得た上で行う」という記載について「支援行為」は主治の医師の指示により行われるものであるから，要支援者（略）との連絡について要支援者の同意は必要としないものであり，また，一般的には緊急かつ重大な場合には主治の医師ではなくても連絡が必要な場合があり，多職種協働の観点から，各専門職間相互の『守秘義務』は限定的であることを説明し理解を得ることが必要である。」と述べている。この見解によると，心理専門職は医師と同じ組織に属さずに支援する場合も，医師との間で情報を共有する際にチーム内守秘義務と同様にユーザーの同意をとる必要がないことになる。この主張がそのまま運用基準に採用されると，医療施設外においても心理職の専門性の重要な基盤である守秘義務が相当に制限されることになる。国民にとって守秘される信頼のもとで心について語れる専門職としての職能を守るために，今後も，公認心理師法第42条第2項の運用基準（**表4-1**）については，その見直しの推移を注意深く見守る必要がある。

表4-1 公認心理師法第42条第2項の運用基準
4．主治の医師からの指示への対応に関する事項

（1）主治の医師からの指示の趣旨	主治の医師からの指示は，公認心理師が，主治の医師の治療方針とは異なる支援行為を行うこと等によって要支援者の状態に効果的な改善が図られないこと等を防ぐため，

主治の医師と公認心理師が連携して要支援者の支援に当たることを目的とするものである。

　主治の医師からの指示は，医師の掌る医療及び保健指導の観点から行われるものであり，公認心理師は，合理的な理由がある場合を除き，主治の医師の指示を尊重するものとする。

　具体的に想定される主治の医師からの指示の内容の例は，以下のとおりである。

・要支援者の病態，治療内容及び治療方針について
・支援行為に当たっての留意点について
・直ちに主治の医師への連絡が必要となる状況について　等

(2) 主治の医師からの指示を受ける方法	公認心理師と主治の医師が，同一の医療機関において業務を行っている場合，主治の医師の治療方針と公認心理師の支援行為とが一体となって対応することが必要である。このため，公認心理師は，当該医療機関における連携方法により，主治の医師の指示を受け，支援行為を行うものとする。 　公認心理師と主治の医師の勤務先が同一の医療機関ではない場合であって，要支援者に主治の医師があることが確認できた場合は，公認心理師は要支援者の安全を確保する観点から，当該要支援者の状況に関する情報等を当該主治の医師に提供する等，当該主治の医師と密接な連携を保ち，その指示を受けるものとする。 　その際，公認心理師は，要支援者に対し，当該主治の医師による診療の情報や必要な支援の内容についての指示を文書で提供してもらうよう依頼することが望ましい。 　また，公認心理師が，主治の医師に直接連絡を取る際は，

		要支援者本人（要支援者が未成年等の場合はその家族等）の同意を得た上で行うものとする。
(3)	指示への対応について	公認心理師が，心理に関する知識を踏まえた専門性に基づき，主治の医師の治療方針とは異なる支援行為を行った場合，合理的な理由がある場合は，直ちに法第42条第2項に違反となるものではない。ただし，この場合においても，当該主治の医師と十分な連携を保ち，要支援者の状態が悪化することのないよう配慮することとする。 　なお，公認心理師が主治の医師の指示と異なる方針に基づき支援行為を行った場合は，当該支援行為に関する説明責任は当該公認心理師が負うものであることに留意することとする。 　公認心理師が主治の医師から指示を受ける方法は，(2)に示すとおり，公認心理師と主治の医師との関係等に応じて適切なものである必要があるが，指示の内容には要支援者の個人情報が含まれることに十分注意して指示を受けることとする。 　公認心理師は，主治の医師より指示を受けた場合は，その日時，内容及び次回指示の要否について記録するものとする。 　公認心理師が所属する機関の長が，要支援者に対する支援の内容について，要支援者の主治の医師の指示と異なる見解を示した場合，それぞれの見解の意図をよく確認し，要支援者の状態の改善に向けて，関係者が連携して支援に当たることができるよう留意することとする。
(4)	主治の医師からの指示を受けなく	以下のような場合においては，主治の医師からの指示を受ける必要はない。 ・心理に関する支援とは異なる相談，助言，指導その他の

てもよい場合	援助を行う場合
	・心の健康についての一般的な知識の提供を行う場合 　また，災害時等，直ちに主治の医師との連絡を行うことができない状況下においては，必ずしも指示を受けることを優先する必要はない。ただし，指示を受けなかった場合は，後日，主治の医師に支援行為の内容及び要支援者の状況について適切な情報共有等を行うことが望ましい。
(5)　要支援者が主治の医師の関与を望まない場合	要支援者が主治の医師の関与を望まない場合，公認心理師は，要支援者の心情に配慮しつつ，主治の医師からの指示の必要性等について丁寧に説明を行うものとする。

（文部科学省初等中等教育局，厚生労働省社会・援護局障害保健福祉部　平成30年1月）より抜粋

4.　倫理と法の葛藤について

　職業倫理を守るためにさまざまな法が制定されているが，その法によって心理的支援の継続が困難になる場合がある。たとえば，法によれば，希死念慮が語られた場合，その情報をチームで共有することになるが，その結果，心理専門職への信頼感を失い，それ以後の心理支援が継続できなくなることも起こりうる。つまり法によって，非倫理的な対応が求められることも起こりうるのである。国家資格は，法によって定められた資格であるので，法を遵守して仕事をすることが求められる。そのため，心理専門職は，実際の現場において倫理を守ることの難しさに直面することもありえる。

　最後に，倫理と法の葛藤について考える事例を提示する（**資料4-1**）。

資料 4-1

事例：カウンセラーは，痛みを伴う癌と診断されているクライエントと面接していました。一連の化学療法と鎮痛剤の投与を経験してきたクライエントは，効果がないように思われるので自分の命を終わらせる決心をしたとカウンセラーに告げます。二人は，数回のセッションにわたってこの決定を話し合い，あらゆる側面を検討，その結果，クライエントは自分の命を絶つという決定を，以前にもまして確信するようになりました。
カウンセラーＡ「このような場合は守秘の限界を超えるので私は通報しなければなりません。」 クライエント 「あなたは自分の義務を果たせばよいのです。私はもう二度とあなたに会いません。」
カウンセラーＢ「私にはあなたの決定を受け入れることは非常に難しい。苦しくても，ひょっとして人生に新しい意味の見つかる道がないかどうか一緒に探りたいのです。少なくとも３週間は行動を起こさないでください。その間にあなたが今の状況に意味を見つけられる道を，二人で話し合いましょう。」
カウンセラーＣ「あなたの状況は守秘の限界を超えていますが，通報するのは正しいことでも，効果があることでもないようです。今のようなときこそ，私たちの関係はお互いにとって大変意味のあるものになってきたと思います。あなたはいつでも私と会うことをやめられますし，自らの命を絶つことができます。私は，あなたが望む限りの期間，お会いしつづけましょう。あなたが苦痛と取り組む手助けをしたいと思います。」
カウンセラーＤ「あなたの意向を通すなら，セラピーを終結するという手紙を私に書いてください。その手紙を受け取ったところで，私たちの関係は終わりになります。」

（Corey, G. 村本訳 2004 を参考に作成）

事例は『援助専門家のための倫理問題ワークブック』（Corey, G. 村本訳 2004）を参考に作成したものである。

　これは，クライエント自身が主治医への情報提供を望まず，医療を受けることなく，自分自身の意思で自分の人生を生きて終わりにしたいという意向を示している場合，カウンセラーの取るべき選択を考えるという設定である。

　公認心理師法によれば，この場合主治医への情報提供が第 42 条第 2 項により義務づけられる。クライエントへの対応は主治医が責任をもち，決定することになる。

　しかし，倫理の観点によれば，そこにはクライエントの自己決定権が関わってくる。また心理専門職における基本的人権の尊重の観点からいえば，このようなぎりぎりのところでも，カウンセラーは自分の価値観を押しつけることはできない。

　もちろん，心理専門職も一人の人間として生活しており，それぞれの価値観を持っている。その価値観が自分の職業選択や職務に影響を与えることを避けることはできず，むしろ自分自身の価値観や影響について自覚しておくことが求められる。その上で，クライエントとの出会いにおいて，お互いの価値観をもって話し合いながら，クライエントが自分自身の方向性を自ら見出し，その困難と立ち向かう状況を見守ることが心理専門職の本来の職務なのである。

【参考文献】

学校臨床心理士ワーキンググループ（1995）学校臨床心理士のためのガイドライン

長谷川啓三（2003）学校臨床のヒント（Vol. 1）集団守秘義務の考え方　臨床心理学　金剛出版 3(1)，122-124

西井克泰（2003）学校臨床心理士（スクールカウンセラー）の倫理と責任性―守秘義務をめぐって―　武庫川女子大学紀要（人文・社会科学編）51，81-90

文部科学省初等中等教育局児童生徒課（2018）いじめ対策に係る事例集
（http://www.mext.go.jp/a_menu/shotou/seitoshidou/__icsFiles/afieldfile/2018/09/25/1409466_001_1.pdf）。

日本精神神経学会理事長　神庭重信（2018）公認心理師法第 42 条第 2 項に係る主治の医師の指示に関する運用基準についての見解

Corey, G 他著　村本詔司監訳　浦谷訂子・殿村直子訳（2004）援助専門家のための倫理問題ワークブック　139　創元社

【学習課題】

1. いじめ対策に係る事例集（文部科学省初等中等教育局）をネットで検索し，そこで紹介されているスクールカウンセラーの役割についてまとめてみましょう。

2. **資料 4-1** の事例を読み，あなたはカウンセラー A，B，C，D のうち，どの対応がよいと思いますか。その理由を述べてください。

5 | 多職種連携における心理専門職の役割

平野直己

《**目標＆ポイント**》　心理専門職はもともと各実践分野の連携要請によって生まれたことを確認した上で，本章では最初に医療，福祉，教育などの各分野で多職種連携が今なぜ注目されているのかについて，その背景を検討する。次に多職種連携の定義とともに，連携の構造と過程に関する研究を概観する。さらに連携を促進する要因と阻害する要因に関する研究を示した後で，多職種による連携独自の葛藤と，連携関係を阻害する諸要因を明らかにし，多職種連携の能力であるコンピテンシーにはどのようなものがあるのかを紹介する。最後に多職種連携における心理専門職の役割について考察を行う。
《**キーワード**》　多職種連携の実践と教育，連携，多職種連携における葛藤，多職種連携コンピテンシー

1. 多職種連携の中での心理専門職

（1）心理専門職と多職種連携

　心理専門職は，悩み，苦しみや生きづらさを抱える個人を「心」という側面から理解して援助することへの関心によって，他の領域の対人援助に関わる専門職と区別される。

　心理専門職は，その出自を辿ればすぐに明らかになるように，心理学というアカデミックな学問の場から生まれたというよりもむしろ，医療・司法・教育・福祉・産業など，さまざまな分野からの協働を求める実践上の要請により生まれた。人と人とが接する現場で，治療，更生・

矯正，教育・養育，指導，処遇，安心，安全保障，適応などを対象者に提供しようとすると，どうしてもその人や，その人の心が視野に入ってくるからである。この"その人"，そして"その人の心"というものをどう考慮していけば，それぞれの分野の支援をその対象者によりよく届けることができるのだろうか。こうした多領域からの実践的な要請から，心理専門職は生まれ育てられてきたのである。したがって，心理専門職はそもそも多職種と連携してこそ生かされる職能を持っているのである。

（2）なぜ今，多職種連携なのか

近年，心理専門職に限らず，対人援助専門職のテキストには，決まり文句のように「連携」「協働」「チーム」といった言葉があちこちにちりばめられている。例えば，このテキストでも，各分野の心理専門職のはたらきの中で，「チーム医療」「チーム学校」「多職種との協働」「地域との連携」などが紹介されていることだろう。

しかし，心理専門職は他分野からの要請なしに存在し得ない職種であることは先に述べた通りであるし，対人援助を生業とする専門職のなかで連携は不要であるとする者はいないだろう。では，いったいなぜ今，多職種連携なのだろうか。

その背景として次のような事情があると考えられる。

1）対人援助専門職の細分化と縦割り

対人援助専門職による支援・サービスの細分化は，特に医療分野において顕著になっている。**表** 5-1 は，「食べる」という行為や状況におけるさまざまな困難と，それに関与する職種を挙げたものである。この表を見て，もし自分が支援を受ける側だとしたら，どのように感じるだろうか。

表 5-1　「食べる」ことの支援に関わる専門職

状況	主に関わる専門職	関わり・支援の内容
食事や食材を買うお金がない	ソーシャルワーカー	生活保護やさまざまな福祉サービスの調整/金銭管理がうまく行っていない場合は，支援の検討（任意後見など）
買い物に行けない・調理ができない	ヘルパー	買い物・調理の代行
箸やスプーンをうまく使えない	作業療法士	手先の動作のリハビリテーション，利き手変更の訓練など
腕や手が思うように動かず，口元まで食事を運べない	理学療法士	動作のリハビリテーション，補助具の使用
食べ物を上手く噛めない	歯科医師	診察/入れ歯や差し歯の検討/装着している入れ歯の調整/虫歯の治療
食後に口の中を清潔に保てない	歯科衛生士	歯磨き指導/唾液腺のマッサージ
うまく飲み込めず，むせてしまう	言語聴覚士	飲み込む機能の評価と適切なリハビリテーションの実施/食物の温度や形状の工夫
どんな食事をどのように工夫して食べたら良いかわからない	管理栄養士	カロリー計算/生活レベルや本人の能力に応じた食事の調達・調理の仕方などのアドバイス
入院中，どの程度の食事をどのように食べて良いかわからない	医師	医学的評価に基づき，カロリー摂取量や，食事を開始する時期などを指示
退院後，「食べる」という営みを，生活の中でどう支えていくのか	ケアマネージャー	介護サービスのプランを上記の専門職の支援を組み合わせて立て，サービスを調整する

※看護職は，これらの全体に関わる。

（日本医師会（2016）を一部改変）

　専門職の細分化は，特化された支援に関する高度な知識と確かな技術を育む一方で，特定の知識と技術を独占的に持つことによって，支援の縦割りという事態を生み出すことになった。対象者が多くの問題を抱えるほど，多くの機関や多くの専門職と関わらざるを得なくなる。専門職の間で縦割りによる縄張り意識が強く，自身の専門的な支援以外に関心が薄い上に，連携に対する意識が低いならば，その対象者や周りの人は，たらい回しにされてしまうことになりかねない。

　縦割りの弊害を乗り越えてさまざまな専門家の多様性を生かし，相互に協力することで対象者にとっての支援の質の向上がもたらされる。そのための方策として，連携の価値が再び取り上げられるようになっているのである。

2）セーフティネットをめぐる地域コミュニティと支援制度の悪循環

　向こう三軒両隣，三世代同居のように，地域における地縁血縁の結びつきが機能している時代には，失業保険や公的扶助などさまざまな福祉制度が公的な責任に基づいて生存権を保障するセーフティネットの役割を果たしていた。しかし，近年，この地域コミュニティにおいて共に支え合う共助の力が低下し，家族や個人が支えを失い，社会に投げ出されてしまうことが問題になっている。そこで地域コミュニティに代わるさまざまな公的で専門的なサービス体制の整備が求められるようになった（たとえば，保育園や高齢者介護施設への入所など）。この地縁血縁による絆に基づく共助的な支え合いから，市場原理に基づく契約によるサービス提供へのパラダイムシフトは，皮肉なことに制度の隙間からこぼれ落ちる人の増大を生んでいる。現在では，社会の中で人の生存権を支えるセーフティネットは，社会制度のはざまからこぼれ落ちたり，こぼれ落ちそうになっている人々を支えるインフォーマルな民間の取り組みや地域コミュニティの役割を意味する言葉として用いられるようになって

いる（川島，2015）。

　このような背景から見るならば，多職種連携では，専門職の間や，制度の間をつなぐことだけでなく，対象者やその家族，さらには地域コミュニティも含む非専門家である人々の協力も視野に入れた取り組みを検討する必要が生じているのである。

3）多機能を担う専門家の多忙と人材不足

　WHO が 2010 年に示した「専門職連携教育および連携医療のための行動の枠組み」では，医療従事者が世界全体で 430 万人も不足していると算定されている。この危機的状況に対して，適切な医療人材の組み合わせを確保し，配置するための革新的かつシステム改革を実現する解決策としてこの専門職の連携とそのための教育を提案している。

　さらにわが国の医療分野の現状において，平井（2014）は，「高齢社会における疾病構造の変化，医療技術の発達による専門家の進展，医療費高騰による適切な医療資源配分の必要性，都市化によるケアの形態変化などなどの理由により，医師が医療のすべてを把握し遂行することは不可能になった」ことから，「医師の職能を他の職種が肩代わりして，医師の負担を軽減する，という考え方が進められている」と述べている。

　教育分野に目を移せば，中央教育審議会が答申した「チームとしての学校の在り方と今後の改善方策について」（文部科学省，2015）で，チームとしての学校が求められる背景として，「我が国の教員は，幅広い業務を担い，労働時間も長い」ことから，「学校や教員が心理や福祉等の専門家（専門スタッフ）や専門機関と連携・分担する体制を整備」する必要があるとしている。

　近年の連携や協働をめぐる議論の背景として，人材不足という量的な問題を「効率」や「質」でカバーしようとする面や，これまで多機能を担ってきた医師や教師といった専門職がその役割を担いきれなくなった

現状に対する一種の「肩代わり」として他職種の協力を求めているという面もあることには注意が必要である。なぜなら，このような面は「連携」「協働」「チーム」とは本質的には別の問題であり，時に対立することもあれば，葛藤を引き起こす要因にもなるからである。

2. 多職種連携の定義，構造と過程

（1）多職種連携とは

本章では，多職種連携を interprofessional work に対応する言葉として用いているが，同様の活動について，多職種連携協働や専門職間連携（協働），専門職連携（協働）などと呼ぶ場合もある。

WHO（2010）では，「異なる専門分野の複数の医療従事者が患者，家族，介護者，コミュニティと連携して最高品質のケアを提供すること」を連携医療 collaborative practice と呼んでいる。また，チーム医療とは，「医療に従事する多種多様な医療スタッフが，各々の高い専門性を前提に，目的と情報を共有し，業務を分担しつつも互いに連携・補完し合い，患者の状況に的確に対応した医療を提供すること」（厚生労働省，2010）であり，多職種連携とほぼ同義である。さらに，チームとしての学校とは，「校長のリーダーシップの下，カリキュラム，日々の教育活動，学校の資源が一体的にマネジメントされ，教職員や学校内の多様な人材が，それぞれの専門性を生かして能力を発揮し，子供たちに必要な資質・能力を確実に身に付けさせることができる学校」と定義している（文部科学省，2015）。

松岡（2000）はヘルスケアに関わるソーシャルワーカーの立場から，多職種連携（松岡は専門職間連携と呼ぶ）について，その関連語も含めて国内外の定義を整理した結果，「主体性を持った多様な専門職間にネットワークが存在し，相互作用性，資源交換性を期待して，専門職が共通

の目標達成を目指して展開するプロセス」と定義した。また，吉池・栄
(2009) は，精神保健福祉の分野の実践を念頭に，この松岡の論文も含む
「連携」に関する日本の文献から概念整理を行い，連携を「共有化された
目的をもつ複数の人及び機関（非専門職を含む）が，単独では解決でき
ない課題に対して，主体的に協力関係を構築して，目的達成に向けて取
り組む相互関係の過程」と定義した。

　このように，分野や立場が異なる複数の人や機関が共通の目標に向け
て，主体性を持って協力し合うなかで対象者のメンタルヘルスを支援す
ることの重要性は大いに認められるところである。しかし，野口 (2018)
が「名ばかりの連携や協働が，かえってクライエントを苦しめたり，専
門家自身を苦しめることもある」と述べているように，連携関係の構築
はそう簡単ではないことについても認められている。実際にそれを具体
的にどう行っていくのかについては，まだ経験の蓄積や先進国からのモ
デルの検討の段階にあるといえる。

　また，多職種連携の実践と切っても切れない関係にあるのが，多職種
連携のスキルをどう学び，教えればいいのかという多職種連携教育
(interprofessional education) の課題である。実践と教育は常に対となっ
て議論されている。

　日本において，多職種連携の実践と教育は，他の分野に先駆けて医療・
福祉分野に関わる現場や大学等の高等教育機関でようやく着手されはじ
めたばかりである。これまで，専門職を養成する大学などの高等教育機
関では，各自の専門性の確立と社会化に力点が置かれ，他の専門分野の
コースとともに多職種連携に関する学習機会を持つことに十分な関心を
もってきたとはいえない。また，どの分野の現場でも，メンバーの対等
性が必ずしも保証されない権力関係のもとで実践が行われてきたため，
ともに学び働くという環境の整備はこれからの課題である。多職種連携

はそれぞれの分野における教育と実践を変革する大きなチャレンジと考えられているのである。

（2）多職種連携の構造と過程
1）多職種連携の構造

　多職種連携の構造，言い換えれば連携のチームのあり方について，3つのモデルが示されている**表 5-2**（松岡，2000；吉池・栄，2009）を参考に解説をしていく。

表 5-2　チームワークモデルの特徴

	相互作用性	役割の開放性	階　層　性
マルチディシプリナリモデル（権威モデル）	〈小〉独立実践が基本	〈無〉専門職の役割の明確化　高度な専門性の駆使	〈有〉医学モデルに基づく課題は専門職別に達成
インターディシプリナリモデル（コンセンサスモデル）	〈大〉専門職相互の意思決定	〈一部あり〉役割の重複・平等主義	〈無〉異なるスキルを用いて専門職が協働
トランスディシプリナリモデル（マトリックスモデル）	〈大〉他専門職の知識技術の相互吸収	〈有〉役割の代替可能性　高度な技術使用の可能性は低い	〈無〉意思決定過程における専門職の知識技術の寄与・相互依存性と平等性

松岡（2000）の作成した表をもとに，松岡による論説を吉池・栄（2009）が加筆したもの

　まず，マルチディシプリナリ（multidisciplinary）モデルは，専門職間に明確な役割分担があり，独立して実践を行うことが基本のモデルである。専門職間のコミュニケーションは限定されており，階層性を持った

チームの中でそれぞれの高度な専門性を活かして個々の課題をそれぞれに達成することが求められる。災害直後の危機介入はマルチディシプリナリモデルが効果を発揮しやすい場面としてしばしば挙げられる。

　次のインターディシプリナリ（interdisciplinary）モデルは，専門職間の相互交流によって意思決定が進められる平等主義のモデルとされる。慢性疾患患者のように疾病に関する問題だけでなく，生活に関わる心理社会的な複合的問題を抱えている対象者への全人的なアプローチとして適していると考えられている。専門職の役割分担はある程度存在してもマルチディシプリナリモデルほど明確な線引きがなされていない。したがって役割やはたらきでの重複が生じることから，その重複部分での葛藤，競争，押し付け合い，縄張り争いなどが起こりやすい。そのため異なる専門職間の相互交流がカギを握ることになる。

　第三のモデルは，トランスディシプリナリ（transdisciplinary）モデルである。意思決定過程においては，それぞれの専門職の知識と技術に基づく平等な相互交流がさらに受容される。他の2つのモデルと際立って異なる特徴は，役割代替がメンバーに受容されており，専門職間での役割分担の線引きはなされないという点である。したがって，高度な技術の使用の可能性は低くなり，専門性は際立たない連携のモデルである。例としては，当事者や地域コミュニティのメンバーも巻き込んだ連携活動が挙げられるだろう。

2）多職種連携の過程

　次に，多職種連携の過程，すなわち協働関係がどのようなプロセスで展開していくのかについて見ていこう。

　吉池・栄（2009）は，連携の展開過程を，①単独解決できない課題の確認，②課題を共有し得る他者の確認，③協力の打診，④目的の確認と目的の一致，⑤役割と責任の確認，⑥情報の共有，⑦連続的な協力関係

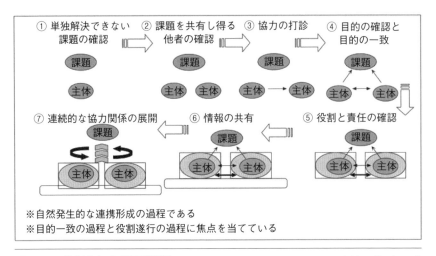

① 単独解決できない　② 課題を共有し得る　③ 協力の打診　④ 目的の確認と
　　課題の確認　　　　　他者の確認　　　　　　　　　　　　　　目的の一致

⑦ 連続的な協力関係の展開　⑥ 情報の共有　　　　⑤ 役割と責任の確認

※自然発生的な連携形成の過程である
※目的一致の過程と役割遂行の過程に焦点を当てている

図 5-1　「連携」の展開過程　　　　　　　　　　　　　吉池・栄（2009）

　の展開の 7 段階で整理した（**図 5-1**）。この図式からは非組織的で形式的
な関係から組織的で実質的な関係へ，そして一方向的・非対称的な関係
から双方向的・互恵的な関係へと連携が深まるプロセスが読み取れる。
特に⑦においては持続性を持つ協働のシステムとして連携が描かれてい
るのが興味深い。さらに，連携において多職種の専門家たちがそれぞれ
の役割分担を調整し，全体としての目標に向けてその役割を統合してい
く過程の中で，過大評価や失望といった一種の葛藤状態が生じる時期を
避けて通れないと考えていることも指摘しておきたい。
　そこで，次節では多職種連携の実践の中でこの活動を促進・阻害する
要因についてと，専門職が抱えやすいさまざまな葛藤とそれを乗り越え
るために身につけたい能力について扱うこととする。

3. 連携することの課題

（1）協働関係を構築するプロセスの中での葛藤について

1）連携の促進要因と阻害要因

　多職種連携において，それを促進する要因と阻害する要因にはどのようなものがあるだろうか。

　栄（2010）は，先行文献と実証研究の結果をもとに，多職種連携を促進する要因と阻害する要因の整理を行った（**表5-3**）。この表は精神保健福祉の領域の実践に基づいて作られているが，教育など，その他の分野での多職種連携のあり方においても参考になる内容が含まれている。

2）多職種連携に生じる葛藤：多様性をめぐるずれと理解し得ないもの

　同じ山の頂上を目指して異なる装備や異なる経路でアプローチする登山者たちのように，それぞれの専門職は，同じ対象者について共通の目標を持って実践を行うにしても，それぞれの専門固有の方法論，人間観，価値観などをもって，それに取り組むことになる。だからこそ，それぞれの役割を担い，機能することができるのである。したがって，連携の現場で伝える側と受け取る側での理解のずれや，アプローチの仕方に関する意見の相違が生じるのはむしろ当然のことであり，それはどちらが正しいか，間違っているかの問題ではなく，専門職の持つそれぞれの独自性と多様性をどう理解し，どう認め合うのかの問題であることが少なくない。連携をめぐり理解のずれや理解し得ないものが生じることは避けるべきことではなく，むしろ対象者の多面性や支援者の視点の違いとして関心を向けるように意識することが大切である。

表 5-3 連携に関する促進要因と阻害要因

レベル	促進要因	阻害要因
クライエント・家族	・主体的な参加 ・援助過程に関する知識と役割の明確化	・本人・家族の不在 ・援助過程に関する知識の欠如
専門職	〈個人〉 ・卒業後の職業関連専門職の学習経験 ・勤務経歴 ・卒業後の連携学習時間 ・独自性 〈対クライエント・家族関係〉 ・クライエントの自己決定の尊重 ・クライエント担当数 〈他職種との協働〉 ・互いの職務の専門性の理解 ・信頼関係に基づく相互尊重 ・同等の時間の投資 ・指導的立場の譲り合い ・問題の予測能力	〈対クライエント・家族関係〉 ・クライエントの主体性と自己決定の無視 〈他職種との協働〉 ・互いの専門性に関する知識の欠如 ・役割の曖昧さ・縄張り争い ・価値観・理念・方法論の対立 ・信頼・コミュニケーション・意欲の欠如 ・不均等な力関係の違い ・事前の準備不足
組織レベル	・協働を促す職場の構造や理念 ・管理者の協働に対する理解・支援 ・協働作業に対する時間・支出・労力の投資 ・情報共有 ・業務協力 ・関係職種の交流 ・連携業務の処理と管理	・サービス供給に関する硬直した管理体制 ・職能団体の硬直した規則 ・クライエントに対するアカウンタビリティーの欠如
環境レベル	・アクセスしやすい治療・援助の場の提供 ・協働を促進する諸政策・社会状況	・たてわり行政 ・診療報酬制度

渋澤田鶴子（2002）「対人援助における協働」『精神療法』28（3），12 をもとに，先行研究でみられた協働・連携に関連する要因を加えて作成（栄 2010）。

3）フラットで流動的な役割分担で生じる葛藤

　トランスディシプリナリモデルのように，その場に応じた役割分担に従って柔軟に振る舞う必要がある連携のあり方においては，さらに葛藤が生じやすいものである。そうした葛藤は，その生じる領域で大きく3つに分けられる。

　第一に，それぞれに与えられた相補的な役割の間に生じる役割間葛藤である。たとえば，教育相談を担当するスクールカウンセラーと生徒指導を担当する教師の間ではしばしば「スクールカウンセラーはこの子どもを甘やかし過ぎているのではないか？」「生徒指導の先生は厳しく突き放してばかりで子どもを理解する側に立っていないのではないか？」という議論がなされることがある。また，同じ連携チーム内でのリーダー役とフォロワー役の間に生じる意見の相違やすれ違いは，役割間葛藤と位置づけられる。

　第二に，役割とその役割を演じる自分との間に生じる内的な役割葛藤である。ある心理専門職としての自己概念や専門性に関するとらえ方などに照らして，与えられた役割に矛盾を感じたり，役割を果たすことを自己否定的にとらえたりする場合である。

　第三に，役割や立場とは別の，その人の性格や人生観，価値観の違いなどに由来する対人間の葛藤である。たとえば，現在生じている連携上の葛藤そのものをどのように解決するのかという方法を巡ってそれぞれの個性の違いが表れることがある。そこには，一つ一つ突き詰めて対応したい人もいれば，大雑把に把握すればあとは成るように成ると考える人もいる。胸襟を開いて話し合うことを好む人もいれば，阿吽の呼吸で察し合うことを好む人もいる。こうしたアプローチの違いによって，しばしば「あの人とは相性が合わない」「考え方が根本的に違う」などの対立が生じることがある。

4）多職種連携を阻害するもの

　以上，述べてきた葛藤場面は，多様な専門職が協力し合うなかで当然のように出会うもので，むしろチームワークの熟成にとって避けて通れないものである。これに対して，多職種連携を阻害するような場面も存在する。以下にいくつか例を挙げておく。

　第一に，権力によるヒエラルキー構造と専門性による縦割り構造である。医療や教育分野のみならず，さまざまな組織においてこれらの構造は今も健在である。職位や専門分野の違いに限らず，年齢や在職年数などが，発言の量や議論の方向性などに微妙な影響を与えることもよくあることである。

　第二に，同じ意見や見方，支援の方向性の足並みを揃えることを強く要請するあり方が挙げられる。もちろん，それぞれが自分の考えを主張して対立を深めることを避けるために，問題を共有した上でそれぞれの専門職がどう対象者にアプローチするかを決めることは大切である。しかし，このとき，共通性ばかりが強調・要求されることで，各専門職がそれぞれの専門性に基づいた独自の見方や意見が薄れてしまうのでは，連携そのものの意義を持たないただの同質集団，仲良しクラブになってしまいかねない。

　第三は，責任や仕事の押し付け合いである。連携と言いながらも，自分の仕事が増えることや自分の責任が増えることはできるだけ避けようとする場合がある。参加者の多くがこのような消極的な姿勢をとれば，それは連携ではなく，たらい回しである。

　第四には，対象者とその周囲の葛藤的な人間関係が，専門職の間で再現されることである。たとえば，対象者である子どもに個別に関わる心理専門職が，学校関係者との間で担任教師の関わりを無理解であると決めつけて批判するのに対して，学年主任の教員は担任教師の職務として

の正当性を代弁し，対象の生徒の生活態度の問題を並べたてるような場面である。子どもに対して真摯に取り組んでいるからこそ，同僚の苦労や努力をそばで見ているからこそ，それぞれが代弁者のごとく振る舞ってしまうのであるが，結果的に連携チームとして支えることができない状況が起こるのである。

　こうした連携を壊す方向につながるグループとしての力動に対しては，それを発見したところで指摘し，緩和・除去する力がメンバーたちに求められる。

（2）多職種連携に求められる力

　それでは，多職種連携を行う上で，私たちはどのような力を身につけていけばいいのだろうか。

　日本保健医療福祉連携教育学会などを中心とした学会や団体による多職種連携コンピテンシー開発チームが作成した「医療保健福祉分野の多職種連携コンピテンシー」(2016) は，私たちが多職種連携のために身につけるべき力について示唆を与えてくれている（**図 5-2**）。コンピテンシー（competency）とは，「専門職業人がある状況で専門職業人として業務を行う能力」と定義される。この能力は「知識，技術の統合に加えて倫理観や態度」からも構成されており，学習によって身に付くと考えられるものとされる。

　図 5-2 に示されている通り，彼らが提案している多職種協働コンピテンシーは2つのコア・ドメインとそれを支える4つのドメインから構成されている。それぞれの定義を以下に紹介する。

　まず，多職種連携を進める上での中核的な能力であるコア・ドメインとして，第一に，「患者・利用者・家族・コミュニティ中心」を挙げている。これは，患者・サービス利用者・家族・コミュニティのために，協

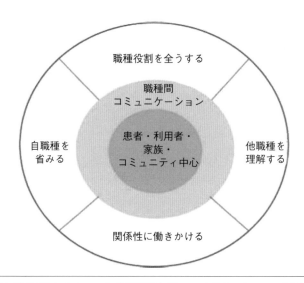

図 5-2 協働的能力としての多職種連携コンピテンシーモデル
（多職種連携コンピテンシー開発チーム，2016）

働する職種で患者や利用者，家族，地域にとっての重要な関心事／課題に焦点を当て，共通の目標を設定することができる力と定義される。

第二のコア・ドメインに位置する能力は，「職種間コミュニケーション」である。患者・サービス利用者・家族・コミュニティのために，職種背景が異なることに配慮し，互いに，互いについて，互いから職種としての役割，知識，意見，価値観を伝え合うことができる力であり，コア・ドメインの外側の4つのドメイン全てに関わる能力とされている。

コア・ドメインの外側に付置されている4つのドメインは，互いに関連しつつも独立したものであり，コンピテンシーを活用する状況に応じて，各専門職の必要とする能力は変化しうる性質を持つと考えている。

4つのドメインの1つ目が，「職種としての役割を全うする」力である。

これは互いの役割を理解し，互いの知識・技術を活かし合い，職種としての役割を全うする力と定義される。

2つ目が「関係性に働きかける」力である。これは複数の職種との関係性の構築・維持・成長を支援・調整することができ，また，時に生じる職種間の葛藤に，適切に対することができる力のことである。

3つ目は，「自職種を省みる」力，すなわち，自職種の思考，行為，感情，価値観を振り返り，複数の職種との連携協働の経験をより深く理解し，連携協働に活かすことができる力を意味している。

最後の4つ目は，「他職種を理解する」力である。これは他の職種の思考，行為，感情，価値観を理解し，連携協働に活かすことができる力のことである。

心理専門職にとって，これらのコンピテンシーをどこで，どのように身につけるかについて，今後研究・議論をしていく必要があるだろう。

4.　多職種連携における心理専門職の役割

本章の最初に，他の専門職と心理専門職を区別するものとして「悩み，苦しみや生きづらさを抱える個人を『心』という側面から理解して援助することへの関心」と述べたが，心理専門職には，「心」を考慮する立場に特有の不確かさや曖昧さがつきまとう。ここでは3点を挙げておこう。

第一に心のもつ「不可分性」である。心というものは身体や行為，場や設定，文脈や関係といったものと分かちがたいものである。人と人とが交わる実践において，因果的な法則や理論やマニュアルを作ることを不可能にさせるのは，この厄介な性質が一因となっている。心理学自体，学問として確立するために，まずはその人固有の心を対象とすることを避けたほどである。

第二に「次点性」と表現される面である。それぞれの困難な現場では，

しばしば「その人の心」を考慮する大切さはわかっていても，とにかく自分たちの領域での目標に向かうことを優先させる必要から，その人の心を後回しにすることが生じやすい。

　第三に，心に触れることの「非特異性」である。人と人とが交わるそれぞれの現場において，支援者は対象者の心にじかに触れていると当然のように感じている。したがって，心を扱うことが，心理専門職のみに限定的な仕事ではないと考えられることがある。対人援助職としての自分の専門分野での実践にプライドを持っている支援者の中には，こうした事情から心理専門職を必要だとは思わないと公言する人さえいる。

　心理専門職はそもそも他分野の要請に基づいて生まれてきた存在であり，多職種との協働なしには存在し得ない職能である。そして，他の関連領域の専門家たちにとって，一方では心理専門職の役割と機能は大切だとは理解されていても，他方では心理専門職の存在は，何をやっているのかよくわからないと思われたり，後回しにされたり，せいぜい「ないよりはあったほうがいい」くらいの位置づけをされ，そこから連携が始まることも少なくないのである。公認心理師という心理専門職の国家資格もまた，名称独占ではあるが，この国家資格が独占する業務を持っていないところからスタートするのである。

　多職種連携は，専門職同士が仲良くすればうまくいくというほど安易で簡単なものではない。実践においてしばしば生じる曖昧さやわからなさに耐えなければならない場面や，それに耐えきれず対象者や関係者の思いや心を切り捨てて進もうとする力が強まる場面において，心理専門職の真価が発揮されるのである。そのときまで，心理専門職としての価値を失わないように，周囲に迎合することなく存在し続ける力が問われるのである。心理専門職の職能が地味であっても，なくてはならない存在と認識されるためには，今一度，多職種連携の中で協働することの意

義と課題を考え，心理専門職とはどんな職能を持つのかを自分の言葉で語ることができるように日々整理しておく必要があるだろう。

【参考文献】

日本医師会（2016）地域包括ケアと多職種連携〜指導者用ガイドブック〜　http://dl-med.or.jp/dl-med/jma/region/mdc/workbook2.html

川島ゆり子（2015）地域におけるセーフティネット構築の現状と課題．花園大学社会福祉学部研究紀要，23，31-42

世界保健機関（WHO）（2010）Framework for action on interprofessional education & collaborative practice．吉本尚，他監訳（2014）「専門職連携教育および連携医療のための行動の枠組み」．三重大学

平井みどり（2014）多職種連携教育について〜神戸大学の場合〜　医学教育，45（3），173-182

文部科学省（2015）チームとしての学校の在り方と今後の改善方策について（答申）（中央教育審議会　平成 27 年 12 月 21 日）

厚生労働省（2010）チーム医療の推進について（チーム医療の推進に関する検討会報告書）

松岡千代（2000）ヘルスケア領域における専門職間連携—ソーシャルワークの視点からの理論的整理—　社会福祉学　40（2），17-38

吉池毅志・栄セツコ（2009）保健医療福祉領域における「連携」の基本的概念整理—精神保健福祉実践における「連携」に着目して—．桃山学院大学総合研究所紀要　34（3），109-122

野口裕二（2018）多職種連携の新しいかたち—オープンダイアローグからの示唆．山登敬之編『対話がひらくこころの多職種連携』日本評論社，2-8

栄セツコ（2010）「連携」の関連要員に関する一考察．桃山学院大学総合研究所紀要，35（3），53-74

多職種連携コンピテンシー開発チーム（2016）医療保健福祉分野の多職種連携コンピテンシー　http://www.hosp.tsukuba.ac.jp/mirai_iryo/pdf/Interprofessional_Competency_in_Japan_ver15.pdf

【学習課題】

1. 対人援助専門職による支援・サービスの細分化には，どんなメリットとデメリットがあるのか，支援・サービスを受ける側，提供する側，それぞれについて考えてみよう。

2. 互いに結びつき協力し合う人間関係，何らかのチームに所属した経験を振り返り，そのチームの構造，過程，促進・阻害要因はどのようなものであったのかについて考察してみよう。

3. 多職種連携チームの中で心理専門職の役割を，自分なりの言葉や表現で紹介し，説明してみよう。

6 │ 医療分野における心理専門職の はたらき

齊藤德仁・吉川眞理

《目標＆ポイント》 医療分野で心理専門職が働く現場を概観し，そこでの心理専門職の具体的な業務を紹介する。
《キーワード》 チーム医療，総合病院心理専門職，精神科（心療内科）クリニック心理専門職，精神科病院心理専門職，認知症ケア，緩和ケア

はじめに

　2018年4月の診療報酬改定で，従来の診療報酬上の心理職を指す「臨床心理技術者」が「公認心理師」となった。2018年に公認心理師最初の国家試験が行われたため，当面のところ従来の臨床心理技術者に該当するものを公認心理師とみなす「みなし規定」が導入されている。いずれは，みなし規定は外され，医療領域で診療報酬をとって働くためには「公認心理師」資格が必須と見込まれている。そこで，本章においては，心理専門職が公認心理師として医療領域において行う業務についての概観を事例を交えて述べていきたい。

1. 総合病院における心理専門職の役割

　筆者は，中規模総合病院で勤務している。病院の特色を述べると，まず，地域の2次救急医療機関として，年間3700台ほどの救急車を受け入れ，急性期治療を行っている。さらにその後の退院に向けたリハビリや

退院調整を目的にする地域包括ケア病棟を有するため，地域の３次救急医療機関との連携や，地域に根づいた医療展開が求められている。

　現在所属している，患者サポートセンター心理相談室は，仕事の幅がとても大きい。その仕事を具体的に**表6-1**に示した。

　補足すると，救急外来においては，主に心理的問題が背景に考えられる患者への対応が求められる。たとえば，自殺企図で受診に至った患者・家族へのアセスメントやケアを行うため，ベッドサイドに出向いて面接を行ったり，面接室で話を聴いたりしている。

　また，当院には，精神科の入院病床はないが，身体疾患で入院している患者の心理的支援や精神科診療が必要な患者のインテーク（intake；

表6-1　ある総合病院心理専門職の役割

①救急外来における患者対応
②身体疾患で入院している患者に対する精神科リエゾンのインテーク面接　精神科医とカンファレンスを週３回実施し，薬物療法，心理療法などの役割分担の検討
③認知症ケアチームにおけるインテーク面接，カンファレンスと回診への参加
④「院内アルコール教室」の実施　アルコール教室運営会議の事務局
⑤緩和ケアチームへの参加
⑥精神科外来患者への心理検査，心理面接
⑦小児科，産婦人科，内科，外科外来など精神科外来以外の科からも医師の依頼で心理面接，心理アセスメントの実施。必要に応じて継続支援
⑧安全衛生委員会で職員のメンタルヘルス窓口対応
⑨臨床倫理委員会に，心理専門職の立場として参加　院内の臨床倫理的課題がある場合カンファレンスに出席
⑩院外の業務として，関連病院への精神科コンサルテーション（月二回）　地域住民を対象とした講座の講師や看護学校の講師

最初の面接）を心理専門職が行う。その上で，精神科医とともに対象となる患者や家族が安心して治療に取り組めるよう，サポート体制を確認していく。このカンファレンスを精神科リエゾンカンファレンスと呼び，週3回行っている。

　認知症ケアでも同様に，インテーク面接の役割を担っており，「メモリーチーム」の名称で，記憶をサポートするために，週1回，精神科医，神経内科医，看護師，薬剤師，管理栄養士，理学療法士，作業療法士，社会福祉士らとカンファレンスと回診を行っている。

　その他，**表6-1**のように，心理専門職の業務の対象は患者だけでなく，家族，医療スタッフ，地域へ広く開かれており，その業務内容も多岐にわたっている。

　以下いくつかの業務に対して，具体的に心理専門職の働きについて述べていく。

（1）緩和ケア

　緩和ケアは，がんの終末期医療と思われがちかもしれないが，WHO（世界保健機関）の緩和ケアの定義（2002）では，「緩和ケアとは，生命を脅かす疾患による問題に直面している患者とその家族に対して，痛みやその他の身体的問題，心理社会的問題，スピリチュアルな問題を早期に発見し，的確なアセスメントと対処（治療・処置）を行うことによって，苦しみを予防し，和らげることで，クオリティー・オブ・ライフ（QOL：生活の質）を改善するアプローチである」とされている。より早期に，適切なアセスメントと対処が求められている緩和ケアと公認心理師の役割は重なる面が大きいかもしれない。

　緩和ケアにおいて，心理専門職が目の前の患者と関わる際（どの職種にも共通するが）重要な視点は，①身体的苦痛，②精神的苦痛，③社会

的苦痛，④心理的苦痛，⑤スピリチュアル的苦痛の順番で関わることであるといわれている。心理専門職としての役割を述べると，まず，心理的支援があげられる。生命そのものが危機にさらされた状況下で「自分がしっかりしなければ」「カウンセリングを受けるほど自分の心は弱ったり病んだりしていない」といった思いを持たれることも多い。そのため心理療法への抵抗も当然起こり得る（清水ら 2017）。ただ，チーム医療における緩和ケアにおいては，直接的支援ばかりではなく，他職種とコンサルテーション的に関わったり，看護師などと一緒に面接をするなどの工夫をすることで，患者，家族の抵抗が和らぐこともありうると考える。患者，家族にとっては外来の化学療法の際に，声をかけることで，「辛さを少しでも聞いてくれるとありがたい」といわれる場合もあった。また，患者を支えている家族を支える心理的支援も重要である。医師から患者や家族へのインフォームド・コンセントに同席することで，患者や家族が医師の説明を理解できているかを知り，必要に応じて，医師と患者との間の通訳として関わる意義もあると感じている。

　金沢（2014）らの研究では，心理職が自身に不足していると感じるとした選択のうち，最も多かった項目は「医学的知識」であった。緩和ケアをはじめ医学的知識の習得は，簡単ではないが，その努力をしていくことは必須である。緩和ケア医や緩和ケア認定看護師，薬剤師などと回診に同席することで，医学的知識を補う機会を得ることができる。

　最後に緩和ケアを行うにあたり，私自身がよりどころの 1 つとしている文献を紹介したい。『ケアをすることの意味：病む人とともに在ることの心理学と医療人類学：』（クラインマン，2015）において，皆藤は「『苦受せしものは学びたり』との諺には，体験の重要性とともに引き裂かれた自己を統合し創造へと志向せしめる知恵が潜んでいるように思われる。私は，このような体験の重要性を指摘し，その体験知の世界を『存

在の知』と呼んだ。そして，『存在の知』に触れることを通じて新たな世界観が生まれる心理療法を提唱し，それを『生きる心理療法』とした。生きる心理療法は，『私とは何者か』を問い続ける実践であると言える」と述べている。しかし，患者，家族にとっては，今までの日常生活からかけ離れた，思いもよらぬ治療のこと，家族，仕事などの変化にとまどい，不安を抱えている。医療機関も患者にとっても治療優先になっているかもしれない。そこで，心理専門職として，患者，家族が歩んできた歴史・価値観などに触れることで，連続性がありながらも新たな体験として，語ることで，患者，家族が自らの存在について問い続ける営みが継続していくと考える。

（2）認知症ケア

　わが国の高齢化の将来推計によると，2020 年には 4 人に 1 人が，2050 年には 3 人に 1 人が 65 歳以上の高齢者という超高齢社会を迎える。それに伴い，認知症や高齢期の精神・心理的問題が大きな社会的課題になっている。そのような中，国は新オレンジプラン（認知症施策推進総合戦略）において「認知症の人の意思が尊重され，できる限り住み慣れた地域のよい環境で自分らしく暮らし続けることができる社会の実現を目指す」と基本的考え方を示している。

　これらを踏まえ心理専門職の役割を述べていく。まず，神経心理学検査や生活障害をふまえた心理アセスメントをより正確に行っていく必要がある。神経心理学とは，人間の脳と心の関係を探ろうとする研究分野であり，ここでいう脳と心の関係とは，言語や記憶，感情の動きといった形で表れる事項である。神経心理学検査は，事故などによる脳損傷や認知症などにおける認知機能障害の把握やその後のケア，カウンセリングなどに重要な役割を果たしている。

1) 外来における業務

　当院では，「メモリー（memory）外来」の名称のもと，専門外来を行っている。「今日は，メモリー外来という記憶に関する専門外来にきていただきましたが，最近お困りのことはありますか？」と聞くと，「ある」「ない」などの反応は様々である。家族や支援者のフォローもあってか，患者自身が，「何でこんなところに連れてくるんだ」など強く抵抗する場面は少ない。問診表の記載も様々で，関係者が困っていることをたくさん記載してくる人も多いが，ときには患者本人が明確に記載してくる場合もある。かといって，関係者や家族だけが困り，患者本人は困っていないかというと決してそうではない。ただ，それをどのように記載したり，表現したりしたらよいのかとまどっていることもある。筆者は日々，「できないことにどうしても気が向いてしまうかもしれませんが，苦手な面を少しサポートしてもらい，できていること，残っている力に目を向けていきましょう」と伝えている。

　面接では，まず患者の困っていること，食事，睡眠，意欲などについて聴取する。その後，神経心理学検査で，日本で最も広く使用されている認知症スクリーニングツール「改訂長谷川式簡易知能評価スケール（以下，HDS-R）」と，COGNISTAT（Neurobehavioral Cognitive Status Examination）を実施する。COGNISTAT は WAIS のように時間的負担を被検者にかけることなく，3 領域の一般因子（覚醒水準，見当識，注意）と 5 領域の認知機能（言語，構成能力，記憶，計算，推理）が評価できる。検査結果は，認知プロフィールとして図示することができ，個々の被検者の低下機能と残存機能を視覚的にとらえることが可能である。当院では HDS-R と併せて，視覚的にその能力を，本人，家族，支援者に伝える工夫を行っている。また，視空間認知機能を測るため，時計描画検査（Clock Drawing Test：CDT）などいつくかのテストを組み合わせ

るテストバッテリーを実施している。アルツハイマー型認知症，脳血管性認知症，レビー小体型認知症，前頭側頭型認知症など，CT，MRI 検査などの画像検査と併せて鑑別診断につながっていく。さらに，一度の評価で終わるのではなく，その後 1 年に 1 回，同様の検査を行い経過を追うことも大切にしている。

2）入院中の患者への関わり

　認知症の有病率は年齢とともに上昇する。当院の入院患者にも多くの認知症患者がいる。そこで 2017 年度からメモリーチーム（認知症サポートチーム，DST：Dementia Support Team）を立ち上げ，認知症の症状があっても入院治療が安全に受けられるように，また入院中に認知機能等のアセスメントを行い，退院後の地域生活の支援に活かせるように，活動を行ってきた。しばしば入院時「物忘れはありましたか？」と聞くと，「年相応です」と返答が帰ってくる。一見疎通性のよい返答で安心してしまうが，「年相応」とは便利なフレーズで，実は何もわからない，あいまいな表現である。そして，そのあいまいな答えはあてにならず，入院後にせん妄が生じ，メモリーチームに依頼がくることも多い。

　介入にあたっては，患者サポートセンター職員，医師，病棟看護師から必要と判断されると，メモリーチームの一員として情報収集を行う。その後，患者のベットサイドにうかがい，HDS-R を用いた認知機能評価を行ったり，不安なこと，生活歴，生活で困っていることなどを聞いていく。家族からは，FAST や DASC-21，ABC 認知症スケールなど認知機能，行動・心理状況，日常生活などを総合的にふりかえることが可能なスケールなどを用いて入院前の生活状況，不安なこと，介護保険の利用状況などについても聞いていく。認知機能の低下がなかった患者が，新たに神経心理学検査が必要と判断された場合には，HDS-R 以外にも，COGNISTAT，WAIS-Ⅲ などを実施することもある。

　メモリーチームで活動を行うようになってから，以前からの認知機能の低下があったのか，入院や病状の悪化に伴うせん妄なのかを判断し，それに基づく対応策や退院後の生活支援を明確に考えることができるようになった。また，ベッドサイドのカレンダーや時計の設置，本人や家族を対象に書かれたせん妄パンフレットの活用を行ってきた。せん妄が生じると，家族は，「患者がおかしくなってしまったのでは」と不安になる場合が多い。せん妄パンフレットを用いて説明をすることで，家族も安心することができる。入院前の認知機能が比較的しっかりしていた患者はせん妄を起こすととまどってしまうが，説明を聞くことで安心するとともに「昨夜は看護師に迷惑をかけてしまった」と申し訳なさそうに話すこともある。総合病院入院中の 20% ほどはせん妄を生じるというデータもあり，入院中のせん妄予防は大きな課題である。

　ここで心理専門職の役割をまとめておきたい。急性期の医療に生じやすいこのような場面は，家族に様々な葛藤や不安を引き起こし，家族の関係性や力動にも複雑で多様な影響を及ぼすことが予想される。その意味では，支え手である家族も認知症の人と同様，もしくはそれ以上のストレスにさらされていることを認識して，支えていくことが必要である。

（3）周産期（産科・NICU）領域

　平成 13 年（2001 年）から始まった「健やか親子 21」は，母子の健康水準を向上させるための様々な取り組みをみんなで推進する国民運動計画である。さらに平成 27 年（2015 年）度から「健やか親子 21（第 2 次）」が始まり，その基盤課題の 1 つとして，「切れ目ない妊産婦・乳幼児への保健対策」が掲げられている。もとより連携業務が重視されている心理専門職の支援は，産科や NICU の退院で対象者への支援が途切れることがないよう，必要に応じて院内の医療ソーシャルワーカー，地域の保健

師，相談員などと，安心して地域生活が送れるようつなぐ支援が必要になる。特に周産期は，産後うつ病，不安障害などのメンタルヘルスの不調をきたしやすい時期でもある。メンタルヘルスの不調を訴える妊産婦は，社会的背景として経済的問題やサポート不在等の問題を抱えていることが多いともいわれている。それらの問題が複合して児童虐待につながる可能性が高まるため，地域だけでなく，精神科との連携が必要な場合もある。

　周産期医療の現場では，目まぐるしく医療が進んでいくため，当事者の気持ちが追いつかないことも多い，命に直接関わる現場でもある。そのため，心理専門職は医療の流れとはまた別の立場をとり，「その場にいる存在」として意味をもつ。NICU は，治療の場であると同時に，児が育つ場でもある。小さな成長を喜んだり，ともに心配を語り合える立場として，そこにあり続けたい。

　また，NICU での心のケアは心理専門職だけが行うのではなく，多職種チームで行うため，日常的に病棟スタッフとコミュニケーションをとって信頼関係を築き，支援の方向性を話し合いながら本人や家族に関わっていくことも大切である。

　さらに，NICU を退院した児は，その後の成長発達をみていくフォローアップ外来に訪れる。特にキーエイジと呼ばれる，1 歳半，3 歳，6 歳，9 歳の時期に心理専門職が発達検査等を行い，その他の検査データとも合わせて主治医や親とともに児に必要な支援や関わりを，考えていくことになる。また児の特性や年齢に応じた親の子育ての悩みや不安を聴きながら一緒に考えたり，病気が新たに見つかった場合，親の心理的な支援についても外来の中で行う場合もある。

（4）小児科領域

　小児科領域の心理専門職の役割について述べる。子どもに明らかに発達の遅れなどがある場合は，地域の医療や福祉の発達専門相談機関につながったり，関係行政機関の支援につながるケースも多い。筆者は発達障害を中心とした小児リハビリテーションの子どもとその家族に関わることが多い。たとえば，作業療法士，言語聴覚士が医師の指示のもとリハビリテーションを行っている間に，心理専門職が同伴している家族との面接を行っている。子どもにとって母親（もしくは主たる養育者）は，最も身近な存在で，理解者でもあり，子どもが一番安心して過ごすことが必要な家での様子を知る存在である。その家族が困っていること，不安なことを少しでも解消することで，子どもは安心して家で過ごすことができ，地域や学校などで，力が発揮されるようサポートできればと考え，実践を行っている。

　外来において，学校での不適応や，身体症状を訴え，受診をしてくる患児は多い。主治医から心理専門職に依頼があった際，アセスメント面接や，必要に応じて心理検査も行っていく。親子並行面接（1人の心理職が子ども，もう1人の心理職が親と面接する）を行い，両者が元気になった事例をふりかえると，両者をつなげるという機能よりはむしろ，不安になっていること，迷いなどを語ることで，それぞれの道を歩んでいくことが可能となることも多いように思われる。

2. 精神科（心療内科）クリニック及び精神科病院における心理専門職の役割

（1）精神科（心療内科）クリニック心理専門職

　精神科（心療内科）クリニックに勤務する心理専門職は，医師の指示

により，心理検査と心理面接の依頼がされる。病院とは異なり，少ない人数で行っていることが多いため，患者にとっては安心しやすい空間になりうる。そのため，精神科（心療内科）クリニックの心理療法では，服薬している人を対象に構造的な心理療法を提供することが可能である。このような状況で心理療法を行う際には，自傷の可能性も配慮して，「守秘義務」と「秘密保持の例外状況」をより意識する必要がある。そこでは，心理専門職が「抱えること（ホールディング）」と「1 人で抱え込まない」ことの見極めが求められる。常に主治医との連携やスーパーヴィジョンが重要となる領域である。

　一方，デイケアやリワークプログラムなどを実践している，精神科（心療内科）クリニックも増加している。窪田（2017）は「精神科地域ケアの中での心理士の機能」について「心理士の中には個別面接を自分たちの仕事の主場面だと思っているものも多く，チームでの活躍を躊躇する心理士がいるかもしれない。このような支援チームでの共同作業も人と人の重要な心理的展開の中，今後はチームワークが心理士の中心的活躍の場になることが予想される」と言及している。従来の心理専門職が提供をしてきたアセスメント能力が，広く地域ケアやマネージメントの領域でも発揮されることが期待されている。

（2）精神科病院心理専門職

　近年，精神科病院の状況は大きく変化してきた。長年，精神疾患は入院治療中心だったが，現在は国の精神保健福祉システムの転換があり，地域移行，アウトリーチ支援，当事者雇用，就労支援等の考え方が大きく台頭してきた。ここで従来から培ってきた心理専門職としての仕事を土台に，精神科病院で心理専門職の新たな役割が求められている。

　以下に精神科病院での主な業務を述べる。

1）心理検査

　精神科では主治医の指示でさまざまな心理検査（知能検査，人格検査，神経心理学検査等）の依頼がある。心理検査は以前から心理専門職が行うことができ，かつ診療報酬化されている業務である。目的は，診断材料の1つとして，または経過を追うため，患者をより理解するためのツールとしてなど多岐にわたるため，心理専門職自身が主治医のオーダーの目的を明確に理解して臨むことが大切である。他の医療的な検査と異なり，診察時，主治医とともに結果を伝えたり，より詳しい検査結果を患者自身にフィードバックすることを主治医から依頼されたりすることもある。そのため，数多くある検査を行い，分析できるようになるだけでなく，検査結果をわかりやすく書面にまとめること，また患者自身が結果を今後の生活に活かすことができるよう具体的な方策を伝える所見や報告書を作成する技能が求められる。心理専門職として最初に学ぶことが多い心理検査だが，実は奥が深く一生かけて学び続ける必要のある業務と言えるだろう。

2）個人心理面接

　精神科病院にはさまざまな精神疾患を抱え，それ故に心の不調をきたした患者が訪れる。そのため，それぞれの病気の理解は必須である。背景にある病気を理解しつつ，目の前の患者が直面している課題を理解し，どう生きていくのか一緒に考えていく過程が精神科病院の個人心理面接である。多くは1回，2回の面接で終わることなく，苦しい過程をある程度の期間ともに歩んでいく。数年，中には10年を超えて関わるとき，それは，患者と心理専門職がともに学び成長する過程となる。今日，心理療法のアプローチとして，精神分析的心理療法や来談者中心療法，行動療法，認知行動療法等が存在する。心理専門職はそれらを幅広く学ぶことを求められる。ただここで一番大事なのは，患者自身のニーズ（潜在

的なニーズを含めて）を見極めながら必要なアプローチを患者と話し合いながら選択していくことであろう。どんな心理療法を行うにせよ，患者-心理専門職の信頼関係が根底になければ，患者にとって有益な結果が得られない。信頼関係を結び，これをしっかりとしたものに築きあげていくことが実は非常に難しく，心理専門職は，個人心理面接においては最後まで努力を続けていかなければならない。そのために心理専門職は全力で目の前の患者の語りに耳を傾けるのである。

3）グループ療法

　精神科病院や精神科デイケアでは，多職種運営による様々なグループ療法が行われている。近年，認知行動療法をベースにしたプログラムは精神科病院で多く取り入れられている。たとえば，ソーシャルスキルズトレーニング（以下 SST），うつや不安などの認知行動療法，またはアルコールや薬物依存症などアディクション関連疾患を対象にしたプログラム，退院支援プログラム等である。また，統合失調症やアルコール依存症等疾患別の本人が体験を語るグループ，または家族を対象にしたグループもある。最近では認知機能の回復を促すプログラムも盛んに行われている。さらにスポーツや手芸，美術，合唱といった活動や病院全体で行われる運動会などのレクレーションにも心理専門職として参加する。また当事者グループ（自助グループ）に関わることもある。グループによって，医師・看護師・精神保健福祉士・作業療法士・薬剤師・管理栄養士など，さまざまな職種と連携し，グループを運営していくことになる。

　グループ療法は，集団を扱う技能が求められる。精神科病院で業務を行う上で個人心理面接とグループ療法の両方に関わることは，個人面接をしている患者とグループでも関わる場合など，様々な配慮が必要になることもあるが，その一方で，患者の思いがけない一面に出会えるなど

有益なことも起こり得るだろう。

　さらに上記に挙げた職種以外でも，作業所スタッフ，就労支援ワーカー，地域包括支援センターのスタッフ，保健所の相談員，地域の保健師や相談員，児童相談所のスタッフなど担当する患者を取り巻く関係者は多く，それらの関係者との連携も求められる。

　精神科の業務は，患者との信頼関係を構築することはもちろんのこと，他職種との日常的にコミュニケーションをとることが重要になる。その上で患者のニーズ，職場や世の中のニーズなどにも関心を持ち，心理専門職のあり方を模索する必要があるだろう。

3. チーム医療，連携について

　改めて医療領域におけるチーム医療，連携について述べたい。

　これまでも多くの心理専門職が医療領域で勤務してきた。公認心理師法第42条には「公認心理師は，その業務を行うに当たっては，その担当する者に対し，保健医療，福祉，教育等が密接な連携の下で総合的かつ適切に提供されるよう，これらを提供する者その他の関係者等との連携を保たなければならない」と記載されている。

　つまり，ここでの連携は院内のさまざまな職種との多職種連携にとどまらず，院外の他領域を含んだ関係者との多職種連携を視野に入れている。たとえば，病院に勤務する心理専門職が，入院中のクライエントに心理的支援を行うとき，退院が支援のゴールではなく，退院後，クライエントの身体的な健康管理，生活，教育など，より良い生活を送ることができるよう複眼的視点を持ち，必要な職種，施設などと連携する切れ目ない支援が求められる。

4.　心理専門職として歩んできた道のりをふりかえって

　病院臨床心理士として働く中で，いくつか忘れられない言葉と体験がある。

　まず第一に，一緒に働いている精神科医から「ひとりよがりの心理士にならないように」と言われた言葉である。他職種より「ひとりよがり」と思われるとき，そこにはコミュニケーションも，相互理解も，信頼関係も成立していない状況である。以来，この状況に陥らないように努力を続けてきた。

　第二の言葉は，入職後まもなく週1回の規模の大きい他の精神科病院で心理査定の研修中，研修先の主任心理士が，筆者の心理アセスメントの結果を提出したときのことである。主任は，「みんなー，齊藤君が心理検査の結果を書いてくれたからみんなで一緒に検討しよう」と呼びかけてくれた。

　普段勤務している病院では1人の臨床心理士として働いており，不安感でいっぱいであった。その言葉を聞いたとき一緒に考えてくれる人がいること，自らの存在を受け入れてくれる仲間がいると思えた瞬間であった。その後，自らの病院でも，患者，家族，職員が何かに困っている状況だと察せられた場合，積極的に声をかけようと努めるようにしている。これらの言葉を胸に刻んで，資質の向上に取り組んできた。ただ，1人でそれを行っていくことは難しく，院内では精神科医や同僚臨床心理士と論文を読み合わせし，意見交換するなど抄読会を定期的に行ったり，研修会があればお互い誘いあったりしている。年に1回は自らの実践を学会や県内の研究会で発表するためにまとめ，複数の方から意見をもらう努力を継続している。1人では決してできないことが，同僚や仲間がいることでなし得たことは多々あった。定期的にスーパーヴィジョ

ン，教育分析等を受け続けることで，自らの個性を知り，時には自らの弱さを見つめながら，自らの存在感を確認する心理的課題に取り組んできた。この作業があってこそ，大変であってもこの仕事を続けていられるように感じている。また，精神科医や看護師とともに，複数の精神科病院を見学し，病院の活動体制について有意義な情報を得る努力を継続している。この経験をもとに，病院の活動の軸を作ることができたと考えている。

【参考文献】

清水亜希子（2017）緩和ケアにおける心理療法～面接導入時の配慮と面接構造の工夫～京都市立病院紀要　37（1），34-37

金沢吉展（2014）医療領域における心理職に求められる知識・スキル・態度に関する研究　心理学紀要（明治学院大学）24，21-35

アーサー・クラインマン，江口重幸著，皆藤章編・監訳（2015）ケアをすることの意味：病む人とともに在ることの心理学と医療人類学　誠信書房

「日本における認知症の高齢者人口の将来推計に関する研究」平成26年度厚生労働科学研究費補助金特別研究事業

小海宏之・若松直樹編著（2017）認知症ケアのための家族支援　クリエイツかもがわ

厚生労働省：健やか親子21（第2次）．http://sukoyaka21.jp

橋本洋子（2005）NICUのケアにおける臨床心理士の役割と地位：日本未熟児新生児学会雑誌　17（2），26-30

永田雅子（2002）赤ちゃんの心を育てる　Neonatal Care 2002 vol. 15 no1 78-79

大岡治恵，小出隆義，後藤説子，他（2015）妊娠中，産後期の母子愛着における母親のうつ状態の影響　精神神経学雑誌　117（11），887-892

窪田彰（2017）チーム医療における公認心理師への期待―精神科クリニックの現場から―　精神療法　43（6），75-76

立花良之，小泉典章（2017）妊娠期からの切れ目ない連携支援体制づくり　精神科治療学　32（6），791-795

牧野仁，立花良之（2018）養育困難：精神疾患合併妊娠の対応と母児のフォローアップ方法について教えてください　周産期医学　48（9）　1074-1077

伊藤順一郎編・監（2015）研究から見えてきた，医療機関を中心とした多職種アウトリーチチームによる支援のガイドライン　独立行政法人　国立精神・神経医療研究センター　精神保健研究所　社会復帰研究部

佐藤さやか，伊藤孝子，吉田統子，他（2017）精神科デイケアにおけるアウトリーチ支援が地域移動に与える効果—予備的検討：精神医学　59（11），1055-1065

【学習課題】

1．医療分野における心理専門職の連携・協同について考えてみよう。
2．医療分野における心理専門職が関わる他職種についてまとめてみよう。
3．医療分野の各領域の特色をまとめてみよう。

7 | 教育分野における心理専門職の はたらき

平野直己

《**目標＆ポイント**》　心理専門職は教育分野にどのような貢献ができるのかを検討するため，最初に教育という概念についてみていくことから始める。次に実際に教育分野での心理専門職が勤務する場所を紹介し，この分野での心理専門職の実践の特徴を挙げる。最後に，転換期にある学校教育における心理専門職の課題に触れる。
《**キーワード**》　教育と education，適応・不適応，時計の時間と時熟の時間，チーム学校

1. 教育分野の現状と心理専門職の役割

　教育という言葉から，みなさんはどんな"風景"を連想するだろうか。学校の授業で黒板を前に立つ教師が子どもたちに向けて授業を行う，あの教室の風景をイメージするのではないだろうか。

　学校教育を経験した私たちにとって，教育とは，"学校"で"教師"が"教える"ことを通じて"子ども"を"育てる"というイメージで受け取られがちである。確かに教育はこうした語感を持っている。しかし，教育はもっと深みと広がりをもった概念なのであり，教育分野での心理専門職の活動を考える上で重要なヒントになることを，まずはつかんでおくことから本章を始めよう。

（1）教育と education

　寺崎と周（2006）によると，教育という言葉は，江戸の末期から明治
の役人で洋学者である箕作 麟祥 が education の訳語として確立させた
もので，それ以前にはほとんどなじみのなかった言葉だとされる。edu-
cation という語の源流は，ラテン語 educo に由来し，この educo という
動詞は，産婆術にみられる “引き出す” 意味での educere と，母親が赤
ちゃんを “養う” 意味での educare に分化していったという。つまり，
教えるよりも，育つ力を引き出し，栄養を与え育む面が強調される概念
であったのである。

　すなわち，福沢諭吉が『文明教育論』（1889）の中で「学校は人に物を
教うる所にあらず，ただその天資の発達を妨げずしてよくこれを発育す
るための具なり。教育の文字はなはだ穏当ならず，よろしくこれを発育
と称すべきなり。」と批判したのは，このことなのである。つまり，ed-
ucation とは，人がこの世に生を受けて成長していくプロセスの中で「天
資の発達を妨げずしてよくこれを発育するため」の大人や社会の側から
のはたらきかけの総体を指しているのである。言い換えれば，生まれて
きた子どもの可能性を育んでいく，「教えること」だけにとどまることの
ない，もっと広がりを持った関わりを意味する概念なのである。

（2）教育基本法における教育

　ここで教育基本法において，教育がどのように描かれているかも確認
しておこう。

　教育基本法において，教育とは「人格の完成を目指し，平和で民主的
な国家及び社会の形成者として必要な資質を備えた心身ともに健康な」
人間を育てることを根本的な目的とするもの（第 1 条）で，その目的を
実現するために次の態度を養うことを目標とする（第 2 条）と規定して

いる。つまり，①幅広い知識と教養，真理を求める態度，豊かな情操と
道徳心，健やかな身体，②個人の価値の尊重，自主および自律の精神，
勤労を重んじる態度，③正義と責任，男女の平等，自他の敬愛と協力，
公共の精神に基づく主体的な社会形成への参画・発展に寄与する態度，
④生命を尊び，自然を大切にし，環境の保全に寄与する態度，⑤伝統と
文化を尊重し郷土を愛する態度，国際社会の平和と発展に寄与する態度，
である。

　また，「その生涯にわたって，あらゆる機会に，あらゆる場所において」
学び，その成果を生かすことができるという生涯学習を教育の基本的な
理念としている（第3条）。また，教育の実施される場は大学や私立学校
を含めた学校だけでなく，家庭や地域社会も重要であるととらえられて
おり，学校・家庭・地域住民その他の関係者などすべての者たちが，教
育におけるそれぞれの役割と責任を自覚して，相互に連携・協力して行
うものと考えられている。

　以上のようにみていくと，教育には，「教えることによって育てる」と
いう語感を越えて，多様な可能性が込められていることに気づくであろ
う。その上で，今一度，学校教育のあの風景に戻ってみることにしたい。

（3）教育活動の複雑さを支える「腕」

　佐藤（2010）は，授業の実践を，教師と教材と子ども（たち）の相互
作用によって展開するコミュニケーションの過程であると述べている。
この教室での複雑なコミュニケーションの特徴は，教師の"教えること"
と子どもたちそれぞれの"学んでいること"の間に微妙なずれを持ちな
がら進んでいく点にある。教師の活動は，このずれを洞察し，教室の出
来事の意味を省察し，教えている事柄の意味と子どもが学んでいる事柄
の意味の関わりを組織することを中心に展開されていく「気が遠くなる

図 7-1 周延『幼稚苑 鯉とと』 （所蔵 玉川大学教育博物館）

ほど複雑な仕事」なのである。

　北山（2001）は日本における「多重の人間関係や情緒交流の在り方の起源」を検討するために，浮世絵に描かれた母子像に着目した。約2万枚近くの浮世絵の中に描かれている約450組の母子像の分析から，描かれている母子関係にひとつの型が繰り返されていることを見出した。それは「同じ対象をともに眺め，関わる母子」というものである。その代表例として北山がしばしば提示するのが，**図7-1**の浮世絵である。よく見ると，左上には「幼稚苑」とある。実は，この二人は幼稚園の教師と幼児のようであり，今まさに「教えること」が行われているのである。

　この「大人（親，教師）が対象（教材）を，子どもの関心を喚起するよう提示し，それを子どもが注視する」という関係性は，言語をはじめとした文化，慣習，慣例の習得や継承のあり方を表しているとされる共同注意（joint attention, Moore & Dunham, 1995）の事態と相似している。そして，まさに教室で教師が子どもたちに行ってきた学校教育の姿である。北山（2001）は，さらに共同注意による学びや育ちを成り立たせる上で，子どもには気づかれにくい大人側の重要な機能を指摘した。それは，この大人の腕が子どもを，そして，この学びの状況を決して落とすことなくしっかりと，しかも穏やかな温もりをもって抱え続けている点である。

　この浮世絵に描かれた子どもは，母親の腕から，この幼稚園の教師の腕に受け継がれた後に，学校や教室で，教師や仲間との関係によって抱えられていく。子どもの学びや育ちの場が広がるにつれて，母親の抱える腕の機能もまた社会的で組織的なものの中に引き継がれていくのである。

　私たちは，心理専門職として，この教育というプロジェクトを支えるメンバーの一人としての役割が求められているのである。それは気が遠くなるほど複雑な仕事である教育活動を支える「母親の腕」にヒントがあると考えられる。

2.　教育分野における心理専門職とそのはたらき

　このセクションでは，教育分野における代表的な心理専門職を紹介し，これらの実践の現場に共通する問題について考えてみることにしよう。

（1）教育分野での心理専門職
1）スクールカウンセラー
　文部科学省によるスクールカウンセラーの活用事業は，1995年度に当

時の文部省が活用調査研究委託事業として全国の公立小・中・高校 154 校に導入するところから始まった。その後，着実に導入される学校数は増え，2017 年には学校教育法施行規則第 65 条 2 に「スクールカウンセラーは，小学校における児童の心理に関する支援に従事する」と明記されるに至っている。2019 年度には，全ての公立小中学校 27,500 校にスクールカウンセラーを配置することを目標に 48 億円以上の概算要求がなされている。

　スクールカウンセラーは，①公認心理師，②臨床心理士，③精神科医，④児童生徒の心理に関して高度に専門的知識・経験を有する大学の職にある者またはあった者，⑤都道府県または指定都市が①から④と同等以上の知識・経験を有すると認めた者，のいずれかに該当する者から選考されることになっている。また，地域や学校の実情をふまえて，心理業務または児童生徒を対象とした相談業務を，大学院修士課程修了者や医師であれば 1 年以上，大学卒業もしくは短大卒業者であれば 5 年以上など，一定の要件に該当する者をスクールカウンセラーに準ずる者として採用することができる。

　主な業務としては，児童生徒へのカウンセリング，教職員や保護者への助言・援助，教職員へのコンサルテーション，危機対応などが挙げられている。また，必要に応じて，医療機関や学校外の相談機関などに紹介することも求められる。

　これらの業務を行うにあたっては，学校組織の中ではたらきながらも，どこか外部性を持つ立場からの学校アセスメントが重要となる。アセスメントの項目としては，地域特性，校務分掌，スクールカウンセラーへのニーズや期待，教職員間の関係性，キーパーソン，窓口となる学校スタッフの把握などが挙げられるであろう

　スクールカウンセラーの活動は，学校スタッフとの協働体制の中で行

われている。教員との連携や情報交換をどのようにしていくのか，スクールカウンセラーの活動をどのように学校の組織的な活動へとつなげていくのかが大切になる。

2）公立教育相談センター

　公立教育相談センターとは，都道府県，市区町村の教育委員会に設置されている教育全般に関わる学校外にある相談機関である。多くの教育相談センターでは，学校教育を専門とする相談員などとともに心理専門職が勤務しており，その地域に在住・在学する子どもや保護者や教職員に対して，来室相談や電話相談を実施している。

　最近では，在籍する子どもに関わる不登校や集団不適応などの解決のため，派遣される形式で心理専門職が学校を訪問して，相談・助言などを行うところも増えてきている。

3）大学などの学生相談機関

　全国の大学，短期大学，高等専門学校等の高等教育機関には，学生生活を送るなかでさまざまな問題に対する相談窓口が開設されている。学生相談室として独立した施設を持つところもあれば，保健管理センターの学生相談部門として設置されているところもある。そして多くの施設には，心理専門職が勤務している。

　主な業務は，学生に対しては個別やグループでのカウンセリングや危機介入，心身の疾患の治療を受ける学生への支援（療学援助），パンフレットや講演などを通しての予防啓発活動などが挙げられる。教職員に対しては，学生に関するコンサルテーション，FD の一環でのメンタルヘルスに関わる研修などが実施される。

4）大学附属心理教育相談室

　1980 年に京都大学大学院教育学研究科が臨床心理学の研究教育を基礎として，地域に開かれた心理教育相談室を正式に開設して以降，多く

は臨床心理士を養成する専攻を持つ大学院の附属機関として，心理専門
職の資格を持つ教員あるいは専門スタッフと大学院生が，地域在住の子
どもや保護者，それに教師に対して，相談やコンサルテーションを実施
している。

5）その他

　主に不登校の子どもたちの通所施設である市区町村の教育委員会が開
設する適応指導教室（教育支援室，不登校児童生徒支援室などと呼ばれ
ることも）や私設のフリースクールの相談員として心理専門職が勤務し
ていることがある。

　また，子育て支援に関連する教育施設においても，心理専門職が，子
どもの養育や教育に関して心理的な側面からの相談や助言を行う業務を
担当している。

（2）教育分野ではたらく心理専門職に求められること

1）多層的な期待や要求の間での関わり

　教育分野は，教員，保護者，地域住民，医療・福祉・心理の専門職な
どとの，多職種連携の現場である。

　ときおり教育分野の現場ではたらく心理専門職は，「誰のためのカウ
ンセラーなのか？」と問われる場面がある。子どもの権利やメンタルヘ
ルスのためのカウンセラーなのか，保護者の養育活動や教師の教育活動
を支援するためのカウンセラーなのか，それとも学校や教育委員会など
の教育機関の組織的運営を支えるためのカウンセラーなのか，いったい
その中のどれなのか，あるいはどれを一番大事にしているのか，と問わ
れるのである。

　もちろん，うまくいっているときや理想的な状況においては，子ども
と教師，保護者と教育機関は互いに支え合い，高め合う循環をなしてい

るので，「みんなのため」の心理専門職と答えることができるだろう。しかし，残念ながら，このような問いを突きつけられるのは，この互いに支え合い，高め合う関係が揺らいでいる状況や関係の悪循環が生じているからこそである。

　こうしたときに，教育分野における心理専門職は，さまざまな水準での期待や要求の中で仕事をしていることに改めて気付かされるのである。

　たとえば，ある中学校の生徒のAさんがスクールカウンセラーのところに相談にやってきたとしよう。Aさんはクラスメイトとの人間関係についての悩みをカウンセラーに打ち明けたとして，これをスクールカウンセラーはどのように聴くことになるかを考えてみてほしい。

　スクールカウンセラーは，Aさんの相談を複数の耳で聴くことになる。1つの耳は「個人としてのAさんの相談」である。もう1つの耳は「ある学級の一人のメンバーとしてのAさんの相談」である。また，別の耳では「この学校の生徒の一人としてのAさんの相談」，また「ある家庭，ある地域の子どもとしてのAさんの相談」を聴くことも求められるのである。

　また，カウンセラーとしてのアプローチとしても，Aさんという「個人」に焦点をおくもの，Aさんとクラスメイト，Aさんと担任教師との「関係」に焦点をおくもの，学級・学校・家庭・地域といった「場・コミュニティ」に焦点をおくもののそれぞれについて何ができるのかを検討することになる。

　つまり，個人，関係，場（コミュニティ）のそれぞれの当事者の間に不調，不信，葛藤，憶測などが生じるところで，「カウンセラーは何をしているかわからない。」「どちらの・誰の味方なのか。」「情報の守秘か開示か。」といったチャレンジが，心理専門職に向かうのである。

　したがって，教育分野の心理専門職は，こうしたチャレンジに対して原理原則を振りかざしたりするような頑なな反応をするのではなく，むしろ今生じている不調・不信・葛藤・憶測がどのような文脈や事情で起こっているのかに関心を示す姿勢が求められる。また同時に，個人・関係・場（コミュニティ）のそれぞれについて多層的なニードのアセスメントをした上で，その場に応じた微妙で柔軟な関わりを創出する力が問われるのである。

2）適応の問題

　不登校をはじめとした学校などの教育機関における不適応についても，誰の問題であるのかと安易に決めつけることなく，この多層的な期待や要求のなかで何が起こっているのかを理解しようと続ける姿勢が求められる。

　適応とは，環境とその個人が適合している，フィットしている状態とみなすことができる。その際，個人が環境に適合できないというとらえ方もできるが，同時に環境が個人に適合できないとみることもできる。もし学校不適応にある子どもがいるとすれば，それをどちらかの問題とみなすこともできれば，両者の「あいだ」の適合の問題とすることもできるのである。もし不適応が，より強く大きな個人や集団，組織と，より弱く小さな個人の「あいだ」に起こっているとしたならば，どちらが最初に適応に向けての変化や歩みよりをすることができるであろうか。互いに変化を相手に求め合うことよりも，当事者たちが互いに少しでも事態がよくなるために何ができるかと交流することのほうが物事の解決はしやすいことは明らかである。しかし，実際にはこれがなかなか難しいのである。その「あいだ」に誰が立ち，交流が生まれることを根気強く促すことができるだろうか。心理専門職はこの「あいだ」で考え続ける専門職でありたいのである。

　また，適応している状態にある人は，その適応している対象を意識する必要がなく，気にすることはない。反対に不適応の状態にある人は，その適応の対象がことさらに意識され，頭から離れなくなるものである。不適応にある人が「"普通"が何かわからなくなった。」という事情は，何も考えずに暮らすことができる"普通"を考え始めてしまっているというジレンマにあるからと理解できるだろう。

　不登校になっている子どももまた，何も考えずに普通に通えていた学校をことさら意識したために動けなくなっている不適応状態にあるとみれば，どうだろうか。実際，不登校にある子どもの中には，学校に行っていないことを家族や学校が認めてくれたとしてもなお，放課後や長期休暇になると心が軽くなったり，登校の時間帯や新しい学期に入る頃になると元気がなくなったりする者が少なくない。また，毎日登校している子どもたちの中にも，学校を離れ帰宅をしても，学校生活のことが勝手に頭に登ってきてしまう状態にある子どもがかなりの数いることだろう。ゲームに必死にしがみついている子どもは，もしかしたらゲームを心から楽しんでいるのではなく，頭の中の学校から離れようとしているのかもしれない。また，一番学校が頭から離れず苦しんでいるのは，子どもよりも学校教員の中にいるのかもしれないのである。

3）2つの時間を活かした対応

　産業主義社会に適応する人材を育てるという社会的な要請に基づいてつくり出された今日の学校において，時間に沿って計画を立てて行動するというタイムマネジメントを身につけることは，子どもが学ぶ大切な事柄の1つである。したがって，学校では時計やカレンダーに沿ってあらかじめ計画した通りに活動することが求められる。そもそも小学校に入学するのは，暦年齢にしたがって決められているのであり，小学生としての心の準備ができているかどうかとは無関係である。このように，

学校教育は時計やカレンダーの時間によって動いているのである。

　しかし，こうした時計やカレンダーにより計られる時間とは別に，人と人との出会いや，不登校の子どもたちが再び学校に行くことを決心したタイミングなどの時間は，あらかじめ時計やカレンダーに定めておくことができない性質の時間である。河合（2002）はこのような時間を時が熟することから「時熟の時間」と呼んだ。

　不登校状態の子どもを前にしたとき，教師や保護者は子どもを信じて待ちたい気持ちと，学校生活から遅れてしまうことを心配する気持ちのあいだで，心が大きく揺さぶられる。こうした不登校を巡って教師や保護者が体験する苦しさや困難は，時計の時間と時熟の時間のあいだでの葛藤として理解することができる。

　また，大学なども含む学校教育の現場では，長期休暇や宿泊旅行などのイベント，卒業などといった，あらかじめ決められているスケジュールが，その子どもや教師，保護者にとって心理的な回復や成長に結びつくことが知られている。たとえば，長期休暇により学校生活から離れることや，卒業というゴールが設定されていることが，自分自身や学校生活をふりかえり客体視したり，気持ちを切り替えたり，これまでの自分のやり方とは異なる方法にチャレンジしたりするきっかけとなる可能性を持つのである。

3.　教育の転換期における心理専門職の課題

（1）転換期にある学校教育とチーム学校

　今世紀に入り，学校教育はいよいよ転換期に来ている。このことを2つの側面から触れておきたい。

1）学びの質を求める動き：新しい学習指導要領

　教えることを中心とした画一主義の学校や，知識の量と効率性を追求

する学校のイメージは，グローバライゼーションとポスト産業主義社会の到来により歴史的使命を終えつつある。物の大量生産と大量消費から，情報や知識や対人サービスへと市場経済の中心が移るポスト産業主義社会では，さまざまな情報や出来事を受け止めて，主体的に判断しながら，自分を社会の中でどのように位置づけ，社会をどう描くかを考えることや，多様な背景や文化を持つ人たちと一緒に生きること，さまざまな社会の課題を解決していくことなどが社会的な要請となってきている。そこでは学びの「量」に加えて「質」が問われるのである。

　このような時代の変化を受けて，2018年度には幼稚園教育要領の実施と小・中・高校の移行期間が始まった。以後，2020年の小学校から順次実施されていく新しい学習指導要領では，①何を理解しているか，何ができるか，②理解していること，できることをどう使うか，③どのように社会・世界と関わり，よりよい人生を送るか，を育成すべき資質・能力の3つの柱として，知識の量を削減することなくより質の高い理解を図るために，アクティブ・ラーニングに代表される主体的で対話的な深い学びを実現するための授業の質的な改善が求められている。

　また，教育内容においても，学習内容の削減は行わずに，言語能力の育成，理科教育の充実，伝統や文化に関する教育の充実，体験活動の充実，外国語教育の充実，プログラミング教育を含めたコンピュータなどを活用した学習活動の充実など，新たな時代に必要となる資質・能力を踏まえた見直しや改善を求めるものとなっている。

2）地域コミュニティの拠点としての学校

　不登校は，その数も割合も一向に減る気配が見えない。文部科学省は不登校を今や誰にでも生じる可能性がある不適応のあらわれであり，問題行動とみなすべきではないとしている。その支援においても，再登校を第一義的な目標とする考え方から，将来の社会的自立を目標とした支

援へと焦点を変えることが求められ，不登校による学びの機会の不足や生活空間の縮小に対する介入が強調されるようになってきている。

　2013年に「いじめ防止対策推進法」が制定された。これにより，いじめは，かつての「弱い者いじめ」に代表される加害性に注目した定義から，子ども同士の人間関係の中で生じた，物理的・心理的影響を及ぼす行為による心身の苦痛という被害性に注目した定義へと決定的にシフトした。この定義の変更により，いじめの認知件数もいじめを認知する学校数も増加傾向にある。

　厚生労働省によれば2016年度の小中学校で発達障がいの可能性をもつ子どもたちは6.5％とされている。また，同様の課題が指摘されているにも関わらず支援が届いていない子どもたちも，そのほかにかなりの数がいるという指摘がある（下川 2017）。特別支援教育の一層の充実とそれへの対応が求められている。

　このほかにも，貧困問題への対応，アレルギーをはじめとした子どもの健康問題への対応，さらには，帰国子女・外国人児童生徒の増加，虐待の早期発見，子どもの自殺予防，複雑化し多様化する保護者からのニードへの対応など，地域コミュニティの拠点として学校現場に求められている期待と課題は拡大している。

3）チームとしての学校

　こうした現状を踏まえて，2015年に中央教育審議会総会で答申された「チームとしての学校の在り方と今後の改善方策について」では，学校の役割拡大に対応するための教職員構造の転換のモデルが示されている（図7-2）。

　この答申では，教員が新たな時代に向けた授業づくりをしていくためにも，また教員が子どもと向き合う時間を十分に確保するためにも，教員に加えて，事務職員や心理や福祉等の専門スタッフもそれぞれに連

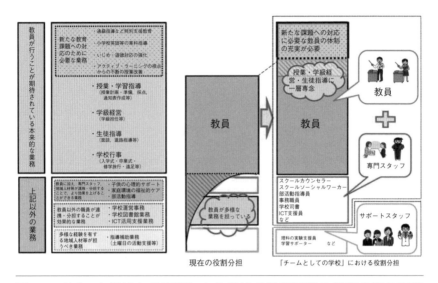

図7-2 「チーム学校」の実現による学校の教職員等の役割分担の転換
（イメージ図）　　　　　　　　　　　　　　　　　　（文部科学省 2015）

携・分担して，組織として教育活動に取り組む体制をつくり上げること
が必要であるとした。特に心理専門職に関わることとしては，生徒指導
や特別支援教育等の充実を図るために，学校や教員が，専門スタッフや
専門機関と連携・分担する体制を整備し，学校の機能を強化していく方
向が打ち出されている。このような「チームとしての学校」の実現に向
けて，次の3点が必要とされている。

　①専門性に基づくチーム体制の構築，②学校のマネジメント機能の強
化，③教職員一人一人が力を発揮できる環境の整備。この答申では，①
において教員以外の専門スタッフの学校への参画として，心理や福祉に
関する専門スタッフの学校における位置づけを明確にし，配置充実につ
なげるため，スクールカウンセラーとスクールソーシャルワーカーを法

令に位置づけることが提言されている。

（2）学びの共同体への参画

　佐藤（2010）は，1980年代以降の校内暴力，非行，いじめ，不登校，学力不振といった日本の教育における危機的現象への対応を中学校の教育現場からふりかえる中で，生活指導，部活指導，進路指導の「3つの指導」でも，スクールカウンセリングを中心とする「心の教育」によっても，現実の課題の解決に功を奏しているとは言い難いと厳しくも指摘している。そして，授業の改革，同僚性の構築，親と市民の教育活動への参加の3つの課題遂行による学校づくり，学校改革を目指し，子どもたちが学び育ち合う場所であるだけでなく，教師たちが教育の専門家として学び育ち合う場所でもある「学びの共同体」を構築していくことの重要性を主張した。

　「チームとしての学校」構想は，教師と心理専門職をはじめとした学校スタッフとの分業システムを打ち出しているが，分業をすればチームができるわけではない。チームを作る上で重要になる鍵が，この佐藤（2010）の言うところの「学びの共同体」にあると考えられる。つまり，教育を支える「腕」の1つとしての心理専門職も，学校スタッフとして教師や子どもと同様に学び育ち合う共同体の一員になることが求められるのである。そのために，多職種の専門家同士が時間と場所を共有して互いに学び育ち合う「同僚性」をいかに構築していくのかを今後一層問い続ける必要がある。

130

【参考文献】

寺崎弘昭・周禅鴻（2006）教育の古層：生を養う　かわさき市民アカデミー

福沢諭吉（1889）「文明教育論」山住正己編『福沢諭吉教育論集』岩波文庫，1996年

佐藤学（2010）教育の方法．左右社

北山修（2001）幻滅論．みすず書房

ムーア，C.＆ダンハム，P.（1995/1999）ジョイント・アテンション：心の起源とその発達を探る，ナカニシヤ出版．（Moore, C. & Dunham, P. J.（eds.）（1995）Joint Attention：Its Origins and Role in Development. Psychology Press.）

河合隼雄（2002）教育の時間とこころの時間　村山正治・鵜養美昭編　実践！　スクールカウンセリング　金剛出版

下川昭夫（2017）支援がとどきにくい子どもたちに目を向ける必要性，心理臨床学研究，35（2），168-179

文部科学省（2015）　チームとしての学校の在り方と今後の改善方策について（答申）（中央教育審議会　平成27年12月21日）

【学習課題】

1．**図7-1**の浮世絵を参考に，①この女性は教育者としてどんなはたらきや工夫をしているか，②この女性と子どものあいだにどんな情緒的な関係を読み取れるか，について考えてみよう。

2．自分の小学校，中学校，高校時代での不適応体験をふりかえり，その不適応の時期を，①自身の中で，②周囲との関わりで，どう通過してきたかについて考えてみよう。

8 │ 福祉分野における心理専門職のはたらき

平野直己

《**目標＆ポイント**》 福祉分野がどのような分野であるのかを概説し，心理臨床との共通点と相違点を整理していく。福祉分野ではたらく心理専門職を紹介し，今後の課題について検討する。

《**キーワード**》 安心な生活，実践としての福祉，ソーシャルワーク，福祉的ニーズと心理的ニーズ，社会正義

1. 福祉分野とはどんな分野か

（1）福祉とは何だろうか

1）私たちの生活と社会福祉

みなさんは，福祉あるいは社会福祉と聞いて，どのようなイメージを持つだろうか？　実際に福祉以外を専攻している大学生に聞いてみると，心身に障害を持つ人や子どもを支援する施設や，はたらくことができない人に衣食住を保障する生活保護などをイメージする人が多かった。自分とはあまり関係がなく，むしろ福祉のお世話にならないことが良いことだと思うと答える学生もいた。

もちろん，社会福祉は，低所得や心身の障害などによってさまざまな生活上の困難を抱える人たちの支援を主要な課題としている。しかし，社会福祉はもっと身近なものでもある。

たとえば，共働きの子育て家庭が増えて，これまで家族が担ってきた

養育機能を保育所や学童保育に分担せざるを得ない状況の中で，都市部では保育園や保育士の不足や，待機児童が社会の課題となっている。また，少子高齢社会の中で，別居で暮らす親の介護の問題は，遠距離介護，老老介護などと呼ばれるような困難な状況をもたらしている。介護が必要となる年老いた親を，誰がどこで支援するのかも今日大きな課題となっている。

このように，社会構造や家族形態の変化に伴って，私たちの個人生活や家庭生活を支える仕組みの変換が求められている。特定の人たちではなく，人生の中で多かれ少なかれ出会うことになる私たちの生活上の課題もまた，社会福祉に求められている問題なのである。

2）生活の保障としての社会福祉

「福祉」を辞書で引くと「幸福。特に，社会の構成員に等しくもたらされるべき幸福」（松村，2006）とある。福祉を意味する welfare も「良い生活」を語源とし，福祉は「幸せな生活」に関する分野であることがわかる。

日本国憲法第 13 条には「すべて国民は，個人として尊重される。生命，自由及び幸福追求に対する国民の権利については，公共の福祉に反しない限り，立法その他の国政の上で，最大の尊重を必要とする。」と掲げられている。福祉とは，個人がそれぞれの幸福を求める権利に対して，この社会を構成するすべての人たちの基本的な幸福を意味している。このことは，日本国憲法第 25 条「すべて国民は，健康で文化的な最低限度の生活を営む権利を有する。国は，すべての生活部面について，社会福祉，社会保障及び公衆衛生の向上及び増進に努めなければならない。」からも明らかである。このように，「健康で文化的な最低限度の生活」を保障するのが，社会福祉制度である。

以上をまとめるならば，社会福祉とは日常を安心して送ることができ

る生活をすべての社会構成員に保障する制度づくりと，その制度を必要とする人たちに届けるためのさまざまな活動ということができるだろう。

（2）制度としての福祉，事業としての福祉

　安心して生活を送ることへの支援を行う社会福祉は，制度と事業，そして実践の3つの側面が一体となって構成されていると，大きくとらえることができる。このセクションではまず制度と事業という面について紹介する。

1）制度としての福祉

　わが国では，すべての人が幸せに生きることを保障するために，数多くの社会福祉に関する法律が制定されている。これが制度としての福祉の側面である。

　社会福祉法は，社会福祉を目的とする社会福祉事業の全分野における共通的基本事項を定めたものである。また，児童福祉法，身体障害者福祉法，生活保護法，知的障害者福祉法，老人福祉法，母子及び寡婦福祉法は，「福祉六法」と呼ばれており，法律名を見るとわかるように，支援の対象ごとの社会福祉サービスの内容や実施体制を定める法律である。

2）事業としての福祉

　社会福祉法第2条に規定される形で，福祉六法を中心とした制度体系に従って，国や地方公共団体，社会福祉法人等の機関や施設は，社会福祉事業としての福祉サービスを提供することになる。これが事業としての福祉の側面である。社会福祉事業を援助の対象で児童家庭，障害児・者，高齢者，公的扶助に分類し，その代表的な機関と施設を**図8-1**に挙げる。

　社会福祉の制度と事業は，すべての人たちが健やかに生きて，安心して暮らすことを保障すべく，きめ細かく整備されている。児童福祉，高

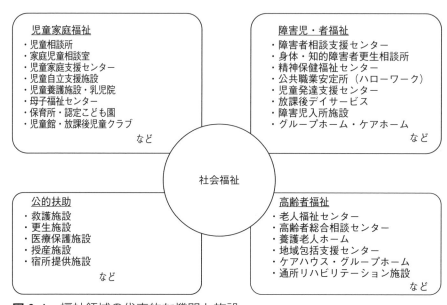

図 8-1 福祉領域の代表的な機関と施設

齢者福祉，障害児・者福祉などといった諸分野では，援助の対象となる人々の特性や状況に合わせたサービスのシステムが法のもとで定められているわけである。

（3）実践としての福祉

1）サービスと対象者をつなぐ"人"

　社会生活に困難を持つ人たち，特別な援助を必要とする人たちのための法制度が整えられ，そして特別な援助を必要とする人のための福祉事業を実施する機関や施設が作られても，そのサービスがその対象となる人に届かなければ，福祉の目的である「すべての人の安心した生活」を達成することはできない。社会福祉のサービスを意味あるものとするに

は，サービスと対象者をつなぐ "人" が必要なのである。

　たとえば，児童養護施設は，児童福祉法に定められている児童福祉施設の 1 つで，「保護者のない児童，虐待されている児童その他環境上養護を要する児童を入所させて，これを養護し，あわせて退所した者に対する相談その他の自立のための援助を行うことを目的とする施設」である（児童福祉法第 41 条）。そして，それぞれの施設について入所する子どもの年齢と人数に応じて，児童指導員や保育士などの援助者の配置数が定められている。しかしながら，児童指導員や保育士が，入所している「この子ども（たち）」をどのように理解したらよいのか，そしてどのように関わり，はたらきかけるのかなどについては，制度や事業の側面で定められるものではない。

　つまり，ここで求められるのが，実践としての福祉の側面であり，その専門的な技術や方法がソーシャルワーク，社会福祉援助あるいは社会福祉実践と呼ばれるものである。

2）ソーシャルワーク

　社会福祉士の職能団体である日本社会福祉士会が倫理綱領の拠り所としている国際ソーシャルワーカー連盟のソーシャルワークの定義（2000年）（日本社会福祉士会，2005）を**表 8-1** に掲げておく*。

---

* 国際ソーシャルワーカー連盟はソーシャルワークの定義を，2014 年にソーシャルワークのグローバル定義として次のように再定義している。「ソーシャルワークは，社会変革と社会開発，社会的結束，および人々のエンパワメントと解放を促進する，実践に基づいた専門職であり学問である。／社会正義，人権，集団的責任，および多様性尊重の諸原則は，ソーシャルワークの中核をなす。／ソーシャルワークの理論，社会科学，人文学，および地域・民族固有の知を基盤として，ソーシャルワークは，生活課題に取り組みウェルビーイングを高めるよう，人々やさまざまな構造に働きかける。／この定義は，各国および世界の各地域で展開してもよい。」（日本ソーシャルワーカー連盟訳，2015；http://jfsw.org/definition/global_definition/）

表 8-1 国際ソーシャルワーカー連盟のソーシャルワークの定義

> ソーシャルワーク専門職は，人間の福利（ウェルビーイング）の増進を目指して，社会の変革を進め，人間関係における問題解決を図り，人々のエンパワーメントと解放を促していく。ソーシャルワークは，人間の行動と社会システムに関する理論を利用して，人びとがその環境と相互に影響し合う接点に介入する。人権と社会正義の原理は，ソーシャルワークの拠り所とする基盤である。

（日本社会福祉士会，2005）

　ソーシャルワークの具体的な技術は，一般に，直接的援助技術，間接的援助技術，関連援助技術に区分される（**図8-2**）。

　先の定義にあったように，ソーシャルワークは，個人に介入するよりも，むしろ"人々がその環境との相互に影響し合う接点に介入する"ことを重視する。したがって，その技術は，個人が抱える困難への個人に向けてのはたらきかけ（ミクロレベル）にとどまらない。その個人の困難はしばしばその人が生活している地域や学校・会社，さらに国の制度といったより大きな課題とリンクしているという認識で現象をとらえていくところにソーシャルワークの強みがある。このため，その地域や組織にいるさまざまなメンバーとともに，互いに連携して対象者を支える体制を構築することで支援を行うメゾレベルでの実践，そして，対象者の「生の声」を具体的な政策に反映させる取り組みであるマクロレベルでの実践というように，より大きなシステムにはたらきかける技術をソーシャルワークは発展させてきている。

（4）心理臨床と福祉臨床

　福祉分野の大枠を概観してきたが，「心」を重視する心理専門職からみて，福祉分野と重なる面，そして相補的な面はどのようなところだろう

```
┌─────────────────────┐
│ 直接的援助技術        │
└─────────────────────┴──────────────────────────┐
 ・ケースワーク
 ・グループワーク
└────────────────────────────────────────────────┘

┌─────────────────────┐
│ 間接的援助技術        │
└─────────────────────┴──────────────────────────┐
 ・コミュニティワーク
 ・コミュニティワーク・リサーチ
 ・ソーシャル・アドミニストレーション
 ・ソーシャルアクション
 ・ソーシャル・プランニング
└────────────────────────────────────────────────┘

┌─────────────────────┐
│ 関連援助技術          │
└─────────────────────┴──────────────────────────┐
 ・ネットワーク
 ・ケアマネジメント（ケースマネジメント）
 ・スーパービジョン
 ・カウンセリング
 ・コンサルテーション
└────────────────────────────────────────────────┘
```

図 8-2　ソーシャルワークの技術

か。

1）生きづらさの支援

　心理臨床と福祉臨床は，ともに社会生活を送る上での機能的な困難や生きづらさを抱える人を支援する専門的活動である点で重なり合う面が大きい。

　公認心理師法の第 1 条にあるように，公認心理師は「国民の心の健康の保持増進に寄与することを目的とする。」ものである。また，日本臨床心理士資格認定協会の臨床心理士倫理綱領の前文には「臨床心理士は基本的人権を尊重し，専門家としての知識と技能を人々の福祉の増進のために用いるように努める」という目的を持つ資格であることが書かれて

いる（日本臨床心理士資格認定協会，2013）。

　日本社会福祉士会の「社会福祉士の倫理綱領」（日本社会福祉士会，2005）の前文には，「われわれ社会福祉士は，すべての人が人間としての尊厳を有し，価値ある存在であり，平等であることを深く認識する。われわれは平和を擁護し，人権と社会正義の原理に則り，サービス利用者本位の質の高い福祉サービスの開発と提供に努めることによって，社会福祉の推進とサービス利用者の自己実現をめざす専門職であることを言明する。」とより明確に述べられている。

　しかしながら，その両者の間に重心の違いがあるとすれば，心理臨床が生きづらさを抱えるその人の「内的・心的生活」に向かってはたらきかけていくのに対して，福祉臨床はその人を取り巻く組織や制度といった「外的・社会的生活」に向かってはたらきかけるということができる。

２）個人への介入と環境への介入

　対象者と組織・制度とをつなぐことに重きをおく福祉臨床のアプローチが拠り所とするのは，「社会正義」である。社会正義とは，差別，貧困，抑圧，排除，暴力，環境破壊などのない，自由，平等，共生に基づく社会を目指すあり方である。個人の生活のしづらさの支援を通して，社会制度の持つ課題を見出し，人権と社会正義に基づいて現行の社会を変革するためにアクションを起こしていくことも，福祉分野の重要な実践なのである。

　こうした福祉臨床の特徴をよく表すのが，アドボカシーという活動である。アドボカシーとは，子どもや高齢者，障害者などのように，権利の行使が困難な状況にある人に，権利の実現を支援することである。アドボカシーは，当事者が自分のニードや気持ちを自ら表現する力を高め，自分の意見を表明することや，主体的に生活に関する決定に関与できるように支援する活動である。当事者に代わって代弁する活動や，権利擁

護のために組織する社会運動，政策に関与・提言するロビー活動など，さまざまなサイズのシステムで実施される。

　このように見ていくと，福祉臨床のアプローチの強みは，環境への介入にあることがわかる。もちろん，心理臨床においてもコミュニティ心理学をはじめとした社会環境にはたらきかける理論とアプローチが存在するが，心理臨床の中心はあくまでも個別の心や行動の理解に基づく介入にあるといえる。実際，福祉臨床におけるミクロレベルへの直接的援助技術においては，臨床心理学で私たちが学んできたコミュニケーション技法の多くが共有されている。しかし，福祉臨床におけるコミュニケーションの目的は，その個人の福祉的ニーズを把握するためであり，その人の生きづらさとなっているものを解決する制度や事業とその人を結びつけるためにある。これに対して，心理臨床でのコミュニケーションの目的は，その人の認知や表象や行動を理解するためであり，これらの側面のどれかにはたらきかけて，その人の行動や世界へのとらえ方を広げたり，変えたりすることに重点がおかれるという傾向がある。

2.　福祉分野における心理専門職とそのはたらき

（1）　福祉分野で心理専門職としてはたらくこと

　福祉の現場では対象者の心理的な支援が必要であることは古くから認識されてきた。にもかかわらず，福祉分野で心理専門職が活動する場は現在も決して多いとはいえない。また，心理専門職が入っているとしても，その施設で担うべき役割は職名ほど明確には決まっていない現状もある。その理由はいくつかあると考えられる。

　第一に，福祉分野における現場では，食事，排泄，入浴，着脱衣などの身体的な支援や，掃除洗濯，買い物や外出の付き添いなどといった具体的で直接的な日常生活のケアに多くの支援の時間がさかれている。そ

こには「まずは生活の支援が大事で，心どころではない」という現実がある。したがって，人手の足りない施設の状況にあっては，たとえ心理専門職であっても貴重なマンパワーとしてこうしたケア・ワークを担うことを求められることも少なくない。

　第二に，社会福祉のさまざまな施設で行われている相談業務では，「福祉法制度を中心とした社会資源の活用によって，個人の実情に即した福祉サービスが受けられる反面，心理的ニーズはとかく軽視されがちである。」（内田，2002）。つまりは，福祉分野の支援のアプローチは，個人を社会の制度とつなげていくことや，周囲の社会資源とつなげていくことといった環境調整に重点をおくため，その福祉的ニーズがアセスメントの中心になる。したがって，心理的ニーズに焦点をおいた臨床心理学的アセスメントの必要性は認識されにくいことがある。ここでも「まずは社会資源とつなげることが大事であり，心どころではない。」のである。

　一方，児童福祉施設に勤務する心理専門職に話を聞くと，生活支援の中で，保育士もまた子ども（あるいは利用者）の心に日々触れているのであり，「ソーシャルワークで事が足りる問題に対して，あえて心理的なアプローチが必要である意味とは何だろうか」と考え込むことがあるという。また，実際のところ，虐待などの複雑な環境や事情を抱えた子どもに対して，心理専門職が"心"を扱うことによって，すぐに劇的な変化が起こることなどはそうそう考えられない。こうした点について，福祉施設の福祉職から問われたときに，心理専門職としてどのように答えることができるだろうか。

　福祉分野に勤務する心理専門職は，日常生活に直接的かつ具体的に関わることを通して，対象者を社会制度や社会資源につなぐ支援を中心とする福祉分野の特徴を理解することがまずは必要になる。そして，社会福祉士や精神保健福祉士，ケアマネージャー，介護福祉士，保育士，ジョ

ブコーチ（職場適応援助者），医療関係者などのさまざまな専門職で構成
されるチームの一員として，この「心のことなど考えている場合なのか。」
「心理的なアプローチはどう役立つのか。」という現場からの問いの中で
自らの専門性を確立していくことが求められているのである。

（2）福祉分野における心理専門職

　それでは，福祉分野ではたらく代表的な心理専門職のいくつかについ
て，その仕事の概略を紹介する。

1）児童心理司・心理判定員

　児童心理司は，児童相談所において，子ども，保護者等の相談に応じ
て，診断面接，心理検査，観察等を用いて，子ども，保護者等に対して
心理診断を行うことと，児童福祉司や精神科医と連携しながら，子ども
や保護者，関係者等に心理療法，カウンセリング，助言や指導を行うこ
とが主な業務とされる。

　心理判定員は，身体障害者更生相談所，発達障害相談支援センターな
どの公的施設で，専門職の職員と連携・協力しながら，障害児・者の支
援にあたっている。具体的な支援内容には，療育手帳交付に関する心理
判定業務や，障害を持つ対象者とその家族からの相談を受けて，自立や
問題解決に向けたアドバイスやサポートを行うことなどがある。

2）心理療法担当職員

　児童相談所，ならびに乳児院，母子生活支援施設，児童養護施設，児
童自立支援施設，児童心理治療施設などの児童福祉施設において，子ど
も，保護者に対して，カウンセリングや心理療法を行う。主に担当する
のが，心理療法担当職員である。

　児童心理治療施設には必ず心理療法担当職員が配置されることになっ
ており，児童心理治療施設以外では，心理療法が必要な人10人以上に心

理療法を行う場合に配置が義務づけられている。

３）心理指導担当職員

　障害児施設には，心理指導担当職員が置かれている。福祉型障害児入所施設や医療型障害児入所施設では，心理指導担当職員を配置して，虐待を受けた児童に対する心理指導を行っている。また，重症心身障害児を担当する医療型障害児入所施設にも，心理療法の技術を有する心理指導を担当する職員が置かれることになっている。

４）福祉分野で活躍するその他の心理専門職

　子ども家庭支援センターでは，児童虐待に関する対応や，関係機関との調整のほかにも，子育て家庭の総合的な相談や情報提供を心理専門職が行う。

　特別養護老人ホームや養護老人ホームでも，一人ひとりの入居者について認知症の症状や精神疾患の状態を把握することでより適切な関わり方を提案する役割として，心理専門職がはたらいている。

　女性総合相談センターや女性相談窓口などでは，配偶者等からの暴力といった相談に心理専門職が弁護士などとともに活躍している。

　そのほか，福祉専門職をはじめとしたさまざまな専門家と連携・協力してNPO法人の事業所を立ち上げ活躍している心理専門職も少ないながら存在する。たとえば，授産施設の運営や社会的な不利な立場にいる人の居場所づくりや，貧困によって十分な学習支援が受けられない子どもに対する学習機会の提供などに取り組んでいる。

3. 福祉分野ではたらく心理専門職の課題

　福祉分野で心理専門職がはたらく意義を考えるヒントとして，ある児童福祉施設での実践を紹介し，心理専門職の課題を検討することで，この章のまとめとしたい。

家庭養護
6,858人

社会的養護を必要とする子ども
44,354人

施設養護
37,496人

①里親委託
5,242人

②ファミリー
ホーム（養育
者の住居にお
いて家庭養護
を行う：定員
5〜6人）
1,434人

施設	乳児院	児童養護施設	児童心理治療施設	児童自立支援施設	母子生活支援施設	自立援助ホーム
対象児童と施設数	乳児（特に必要な場合は幼児を含む）140か所	保護者のない児童，虐待されている児童その他環境上養護を要する児童（特に必要な場合は，乳児を含む）605か所	家庭環境，学校における交友関係その他の環境上の理由により社会生活への適応が困難となった児童46か所	不良行為をなし，又はなすおそれのある児童及び家庭環境その他の環境上の理由により生活指導等を要する児童58か所	配偶者のない女子又はこれに準ずる事情にある女子及びその者の監護すべき児童227か所	義務教育を終了した児童であって，児童養護施設等を退所した児童等154か所
現員数	2,706人	25,282人	1,280人	1,309人	6,346人	573人

図 8-3　児童福祉施設と家庭養護（厚生労働省子ども家庭局家庭福祉課，2019）

（1） 児童福祉施設

　家庭環境に深刻な問題があり，養護を必要とする子どもについて，家庭に代わって社会が養育を担うことを「社会的養護」という。社会的養護を必要とする子どもは，2018年3月の時点で4万4千人ほどいるとされるが，その約85％が施設で暮らす子どもである（厚生労働省子ども家庭局家庭福祉課，2019）。彼らが暮らす乳児院，児童養護施設，児童心理治療施設，児童自立支援施設，母子生活支援施設，自立援助ホームを合わせて「児童福祉施設」と呼ぶ。それぞれの児童福祉施設と，里親，ファミリーホームといった家庭養護の概要は**図8-3**の通りである。どの施設にも虐待を受けた子どもたちが多く入所しており，さまざまな家庭的背景と入所にまつわる事情によって，複雑な問題を抱える子どもに対して，施設職員は生活支援に取り組んでいる。

（2）ある施設での「あるある会議」

　以下に紹介する児童福祉施設においても，直接の入所事由になっていないものを含めれば，半数をはるかに超える子どもが虐待を受けた経験を持つ。こうした複雑な事情と心理を抱える子どもたちの集団生活では，さまざまなトラブルが起こるのが日常であり，指導や指示をしてもその思いはなかなか子どもに届かず，疲弊する職員が多い状況にあった。勤務数年で退職する者も毎年複数名あり，職員の入れ替わりが多い職場の状況も，子どもの落ち着かなさとの間で悪循環になっていた。この施設の心理療法担当職員のＡさんは，子どもの心理面接だけでなく，求めに応じて生活場面にも入っていたが，心理面接を通してうかがい知る子どものアタッチメントをめぐる切実な要求と，時に生活場面であらわれる反抗的・攻撃的であったり，時に奇妙に感じられるような振る舞いの間のギャップをいかにして理解につなげて，職員たちで共有できるかと頭を悩ませていた。

　Ａさんが，施設の同僚数人と協力して企画したのが「あるある会議」であった。この会議は，職員研修の一環で開催され，子どもの振る舞いに戸惑い，心を揺さぶられ，日々の勤務でストレスを感じている新任職員をサポートすることを表向きの目的として実施された。その手順は次の通りであった。

　①子どもが示す特徴的な振る舞いや態度を，ブレーンストーミングの要領で職員全員で「あるある」と言いながら，出していき，それを内容でグループに分ける。

　②これらの行動の背景となる心理的ニーズを皆でいろいろ想像する。

　③それぞれの振る舞いとその背景となる心理的ニーズについて，どの子どものことを思い描いていたのか話し合い，職員間で交流していく。

表 8-2　施設内「あるある」(1)

暴言	「出て行け！」 「お前なんて担当じゃないんだから担当ヅラするな」 「ウザイ」「シッケー」「関係ねーし」「きもい」
無視	挨拶しても，話しかけても無視，無反応 雰囲気がどよーんとする
引きこもり ・立てこもり	トイレにこもる 机や椅子でバリケードを作る
拒否	「今日やらないから」 「お前ひとりでやれば」 目を逸らす 平然と「やりたくない」と言う 知っていることでも「知らない」と言う 意欲なくさぼる 学習や作業の量を子どもが決めようとする なんでも「無理！」
意欲・努力の なさ・無気力	成績アップを目指さない 今までのやり方を変えようとしない

　普段は言いにくい，イライラさせられたり，腹立たしく思う子どもの態度や振る舞いを取り上げ，周囲の人の「あるある」という共感の声に支えられながら，皆で和気あいあいとした雰囲気の中で子どもの態度や振る舞いの背後にある心理的ニーズを語り合う。この会議はその後も定期的に行われた。参考までに「あるある会議」で挙げられた子どもたちの振る舞いのリストを**表 8-2**（1），（2）に紹介する。

表 8-2 施設内「あるある」(2)

衝動的，多動	物を乱暴に扱う 座っていられない
急な態度変化	秒単位で態度ががらりと変わる 気分の浮き沈みが激しい 待てない 激しく切れる スタッフにより態度が変わる 甘えるかと思うと触るなと言う
境界の侵犯	職員の胸をさわる 職員の服によだれを付ける 話に割り込む 物を盗む 極端にベタベタしてくる
思いやり・ 常識の欠如	自分の都合で人を動かす 常識では考えられないことをする 相手を平気で傷つける

（3）制度と人をつなぐ柔らかでぬくもりのある手

　実践としての福祉の役割は，制度と人をつなぐことにある。社会福祉制度は，その人とその人の生活を守るためにつくられたシステムであるが，気をつけないと，制度に合わせるようにその人の主体性や自由を制限するというリスクをはらんでいる。また，制度と人をつなぐ役割を担う支援者は，たとえば多忙な施設での生活の中でルーティンをこなすことにで精いっぱいとなり，心を失い，気がつけば支援の対象者をシステムに従属させる立場になってしまう危険を常に自覚しておく必要があ

る。制度による支援の手は「冷たく，硬く」なりやすいのである。

　心理臨床の基本にある「その人の心を理解しようとし続ける姿勢や態度」は，社会福祉制度による支援の手を，「柔らかでぬくもりのある」ものであり続けることに貢献しうる。「柔らかでぬくもりのある」システムであるために具体的に何ができるのかを，異なる専門性を持つ職員と協力し合いながらアイデアを生み出していく時にこそ，「心理の視点」が問われるのである。

　福祉分野で心理的な視点を生かすことを，図式化するならば，次のようにとらえることができるであろう。福祉臨床のアプローチも心理臨床のアプローチも，ともに対象者の生活を支援する点で共通の基盤を持っている。福祉臨床のアプローチが個人の生活と社会制度をつなぐベクトルを持つのだとすれば，心理臨床のそれは個人の生活とその人の心をつなぐベクトルを持つのである。

　浅野（2007）は児童自立支援施設での心理療法担当職員の配置に関わり，その課題を次のように述べている。「今のところ，児童自立支援施設で心理職が担うべき役割は，明確には決まっていない。それだけに苦労も多いが，児童や家庭，地域，また施設のニーズを捉えながら，心理専門職の機能をどう発揮していくかを，創造的に模索していくことができる職場であるともいえるだろう」。

　面接室での心理療法が大事なのか，それとも生活の具体的な支援を優先すべきか，という二項対立的な思考に陥ることなく，一義的に決定できない重層性を持ち続け，この場面で，この利用者に対して心理専門職として何が最善かを自らに問い続けなければならない。必要があれば，ケア・ワークに汗を流すことをいとわず，日常の支援の中であっても対象者や職場のスタッフの心理的ニーズをとらえて，対象者やその周囲の資源となる家族をはじめとした人々との連携やコミュニケーションをス

ムーズで妥当なものとするための介入を提案する"創造的な模索"が福祉分野での心理専門職に求められるのである。

（4）支援者の心を支えるために

　生活の支援である福祉分野の臨床は 24 時間 365 日休むことなく，対象者である人の存在を支え続ける営みであると言うことができる。生活支援の現場では，福祉的ニーズを持った対象者と支援者の間で，優しさ，共感，受容だけでは済まされない，生々しく激しい感情が時に行き交う。対象者が経験した深い心の傷を，支援者が自身の心で味わい，味わわされる場面に出会うこともまれではない。支援者の心もまた無傷ではいられないのである。この支援者の傷は，対象者への報復に向かうことなく，そして支援者自身への攻撃に向かうことなく，チームで支える必要がある。そのチームのメンバの一人として，一人ひとりの心を見つめ，人と人との間の関係性を見つめる心理専門職の役割は，今後ますます期待されると考える。

【参考文献】

松村明編（2006）大辞林 第 3 版　三省堂

日本社会福祉士会（2005）　社会福祉士の倫理綱領

　https://www.jacsw.or.jp/01_csw/05_rinrikoryo/files/rinri_kodo.pdf

日本臨床心理士資格認定協会（2013）　臨床心理士倫理綱領

　http://fjcbcp.or.jp/wp/wp-content/uploads/2014/03/PDF01_rinrikoryopdf.pdf

内田一成（2002）　福祉と臨床心理学. 園山繁樹・内田一成（編）福祉臨床心理学

　11-34. コレール社

厚生労働省子ども家庭局家庭福祉課（2019）　社会的養育の推進に向けて

　https://www.mhlw.go.jp/content/000474624.pdf

【学習課題】

1. **図 8-2** のソーシャルワークの技術の内容を調べて，心理専門職の用いる技術と重なる部分と異なる部分について考えてみよう。

2. **表 8-2** の施設内の「あるある」(1)と(2)を読み，

　① このような態度やふるまいをする子どもの心，

　② 生活の中でこのような態度やふるまいを受ける職員の心，

　それぞれについて思いやってみよう。

9 │産業・労働分野における
心理専門職のはたらき

馬場洋介

《**目標＆ポイント**》 産業・労働分野において，心理専門職が働く現場を概観し，そこで求められる心理専門職の基本姿勢，能力，知識等を明確にして，今後の働きが期待される具体的な領域，職場，業務内容を紹介する。

《**キーワード**》 職場のメンタルヘルス，ストレスチェック，就労支援，ライフ・キャリア支援，ポジティブ・アプローチ

1. 働く個人を取り巻く環境変化

　産業・労働分野における心理専門職が支援対象とする働く個人の現状を概観する。総務省労働力調査（基本集計）平成30年平均（速報）結果（2019）によると，2018年平均の正規職員・従業員は3,485万人と前年比53万人増加し，非正規職員・従業員は2,120万人と前年比84万人増加した。被雇用者に占める非正規職員・従業員の割合は37.8％と前年比0.6％上昇し，依然，高水準にあり，非正規という不安定な雇用形態で働く個人の割合は比較的高い。

　現在，日本の組織で働く個人は，AI（人工知能）の浸透等による急速なIT（情報技術）化，ビジネスのグローバル化，産業構造の変化等の外部環境の変化，および，就労形態や働き方の多様化等による職場環境の変化に直面し，多様な不安やストレスを抱えていると想定される。

　厚生労働省「平成29年度労働安全衛生調査（実態調査）の概況」（2018）

によると，現在の自分の仕事や職業生活に関することで強い不安，悩み，ストレスとなっていると感じる事柄がある労働者は 58.0%（2017 年 58.3%）であり，その割合は若干減ったものの，高止まりの状態が続いている。また，ストレスと感じている事柄は「仕事の質・量」が 59.4%（2017 年 62.6%）と最も高く，その割合は高水準で，業務のマルチタスク化や長時間労働等による職場環境の悪化が懸念される。

厚生労働省「平成 30 年度過労死等の労災補償状況」（2019）によると，精神障害に関する労働災害の請求件数は 1,820 件で前年度比 88 件増となり，うち未遂を含む自殺件数は前年度比 21 件減の 200 件であった。また，精神障害に関する労働災害の支給決定件数は 465 件で前年度比 41 件減となり，うち未遂を含む自殺の件数は前年度比 22 件減の 76 件であった。

電通の新入社員が 2015 年 12 月に過労自殺した事案も労災認定の件数に含まれるが，この事案は大きな社会問題となり，「働き方改革」が浸透していく契機になった。

「働き方改革」を進めるうえで労働時間と並ぶ重要指標は労働生産性であるが，日本の労働生産性は国際的に比較すると低い水準といえる。公益社団法人日本生産性本部が発表した「労働生産性の国際比較 2018」（2018）によると，2017 年の日本の労働生産性は，OECD 加盟 36 か国中 20 位で米国の 2/3 程度の水準にとどまり，先進 7 か国のなかでは，1970 年以降，最下位の状況が続いている。

また，厚生労働省「平成 30 年度個別労働紛争解決制度の施行状況」（2019）によると，総合労働相談は 11 年連続 100 万件を超え，高止まりの状況が続いている。内容は「いじめ・嫌がらせ」が 7 年連続で最も多く，このようなパワーハラスメントの問題については，2019 年 5 月に改正労働施策総合推進法が成立し，2020 年 4 月から職場でのパワーハラス

メント防止策が企業に義務づけられる。

　一方，改正出入国管理法が2019年4月から施行された。このたびの法改正による外国人労働者の流入で，人手不足で苦しむ業界では不足感が若干，緩和される可能性はあるが，多様な文化背景の外国人が組織内に入ることで，外国人労働者と受け入れ側双方に相当なストレスが発生する懸念もある。さらにLGBTなどのセクシャル・マイノリティの個人への対応やがん等の疾病を抱えた個人に対する仕事と医療の両立支援等，ダイバーシティ＆インクルージョンに関する組織への対策が急がれる。

　そして，グラットン（Gratton.L 1955）（2016）らが提唱する「人生100年時代」に働く個人が対応できるように，政府もリカレント教育や副業の推進等の政策的支援の枠組みの構築を急いでいる。今後，副業，在宅勤務等の新しい働き方が急速に浸透していくことが想定される。

　以上，概観したように，今後，日本の組織で働く個人を取り巻く環境の変化は一層激しくなり，不安やストレスを抱え込む個人が増加することが想定され，働く個人を支援する心理専門職の存在の充実が期待される。

2.　産業メンタルヘルス施策の変遷

　現在の「働き方改革」関連法案に至るまでの産業メンタルヘルス施策の変遷を概観する。大きな転換点は，若手社員が過労自殺し，企業の安全配慮義務が問われた「電通事件」であった。それ以降，「労働者の心の健康の保持増進のための指針」（2006）で，4つのケアと3つの予防の推進の方向性が示され，①教育研修・情報提供，②職場環境等の把握と改善，③メンタルヘルス不調への気づきと対応，④職場復帰における支援などの具体的な産業メンタルヘルス活動が示され，労働・産業分野の心理専門職がメンタルヘルス対策における心の専門家として位置づけられ

た。

　その後，過労死防止策，自殺対策等の法律や施策等が実施され，2014
年の改正労働安全衛生法により，従業員50人以上の事業場ではストレ
スチェック実施が事業者の義務となり，2015年12月から施行された。
検査の結果，高ストレスに該当する労働者から申し出があった場合，医
師の面接を実施すること，面接に基づき，医師の意見を聴き，必要に応
じて就業上の措置を講じることは事業者の義務となった。

　現状の企業のメンタルヘルス対策への取り組みは以下の通りである。
厚生労働省「平成30年度労働安全衛生調査（実態調査）の概況」（2019）
によると，対策に取り組んでいる事業所の割合は59.2%（2017年
58.4%）となっている。対策の取り組み内容（複数回答）は，「労働者の
ストレスの状況などについて調査票を用いて調査（ストレスチェック）」
が62.9%（2017年64.3%）と最も高く，次いで「メンタルヘルス対策に
関する労働者への教育研修・情報提供」が56.3%（2017年40.6%），「メ
ンタルヘルス対策に関する事業所内での相談体制の整備」が42.5%
（2017年39.4%）となっている。事業所の規模別データでは，対策に取
り組んでいる事業所は，1,000人以上では99.7%，500〜999人では
99.2%，300〜499人では99.6%，100〜299人では97.7%，50〜99人で
は86.0%，30〜49人では63.5%，10〜29人では51.6%となっており，
中小規模事業場における対策の実施率の低さが課題になっている。

　また，厚生労働省は2018年4月からの「第13次労働災害防止計画」
（2018）において，過労死等の対策の重要性が増していること，就業構造
の変化，および，働き方の多様化等をふまえ，労働災害を減らし，健康
に働ける職場の実現に向け，国や事業者等が目指す目標を定めた。仕事
上の不安・悩み・ストレスについて，職場に事業場外資源を含めた相談
先がある労働者の割合を90%以上（2016年71.2%），メンタルヘルス対

策に取り組んでいる事業場の割合を 80％以上（2016 年 56.6％），ストレスチェック結果を集団分析し，その結果を活用した事業場の割合を 60％以上（2016 年 37.1％）という，高い数値目標を掲げている。

2019 年 4 月から「働き方改革」関連の法律が施行された。このたびの労働基準法の改正では，労働時間の上限を設定して，初めて罰則規定も設けた。これにより労働時間が削減される可能性はあるものの，働く個人は限られた時間の中で生産性を上げていく必要に迫られ，長時間労働とは異なったストレスにさらされる可能性がある。

以上，概観したように，今後，「働き方改革」関連施策が日本の組織に浸透し，働く個人がいきいきと働ける環境づくりに寄与する存在としての心理専門職の重要性が増していくことが想定される。

3. 産業・労働分野における心理専門職に求められる役割・姿勢・能力

（1）産業・労働分野において求められる 4 つの役割

金井（2016）は産業・労働分野における心理専門職には，個人，職場，会社，社会等の階層ごとに，それぞれ違った役割を求められることを提示している。個人支援においては，働く個人のメンタルヘルスとキャリア発達の両面を支援する役割を求められる。高橋（2015）は「メンタルヘルス不調者はメンタルヘルス疾患を持った人としての生きづらさとキャリアの挫折という二重苦を持ち，メンタルヘルスとキャリアという 2 つの心理的挫折を克服しなければならない。」と，メンタルヘルスとキャリア発達の両面の心理的援助の必要性を指摘している。職場支援においては，良好なメンタルヘルスの職場環境づくりをするために，働く個人の心理的援助をふまえ，職場改善策を提案，実践していく役割を求められている。会社支援においては，健康経営等の会社の目標に対して，

心理学視点からのコンサルテーションおよび組織の健康度を高めるための提言等を行う役割を求められている。社会支援については，現状，国や事業者等で進めている「働き方改革」について，心の専門家として，産業メンタルヘルスの現場から発信するなどの役割を求められている。

（2）産業・労働分野において求められる基本姿勢

　今後，産業・労働分野における心理専門職の基本姿勢として，以下のことが求められる。

　第一に，社会人，組織人としての常識を有していることが求められる。種市（2017）は「働く人の所属する企業・組織の社会的常識を理解すること，マナーや言葉づかい等の狭い意味だけでなく，働く場やそれを取り巻く社会的状況の理解も含んだ常識が必要である。」と指摘し，働く個人を支援するために必要な常識について幅広くとらえることを提示している。

　第二に，産業・労働分野の心理専門職自らも，働く個人の一員であるという認識を有し，クライエントと共通感覚を持つ姿勢が求められる。高橋（2015）は「働く人のひとりとして，その時代の中に生きている感覚が求められる。」と指摘している。また，中村（2017）は復職支援の現場の経験から「支援者自身も生活者であるという自覚をもってクライエントと向き合うこと」の重要性を指摘している。さらに，下山（2015）は，産業・労働分野で重視される経済性，効率性，機能性という価値観を持ち込むこと等，心理専門職が対象者と共通の価値観を持つことの重要性を指摘している。このように，産業・労働分野における心理専門職は，心理の専門家である前に，自ら働く個人のひとりとして，対象者に向き合う姿勢が求められる。

　第三に，経済社会情勢に常にアンテナを張っている姿勢が求められる。

種市（2017）は，産業・労働分野の心理専門職の姿勢として「時代の変遷と心理的課題の変遷についての把握」，「労働関連法規や産業保健の施策の動向の把握」を挙げている。具体的には組織で働く個人に関する法律の制定，改正等を把握して，社会，組織に属する個人がどのような影響を受けるのかを常にアセスメントすることが求められる。中嶋（2015）も「自らの得た情報を当事者の生活だけでなく，生活全般の中で重要性を位置付ける習慣を身に付け，のみならず，どのような情報を他の専門職から得るべきかについて考える習慣を身に付けるべきである。」として，自ら得た情報を日常生活に取り込んでいくなど，情報感度を上げていくことの重要性を指摘している。

（3）産業・労働分野において求められる能力

　産業・労働分野における心理専門職は，他の領域の心理専門職以上に，特に以下の３つの能力を身につけていくことが求められる。

１）個人・組織の両方のアセスメント力

　産業・労働分野におけるアセスメントについては，支援対象である働く個人は何らかの形で組織と関係しているので，個人に対するアプローチと組織に対するアプローチの両方が必要である。まず，心理専門職としての強みを発揮できるのは，個人に対する的確なアセスメント力である。黒木ら（2018）は「心理支援の対象を生物-心理-社会モデル（bio-psycho-social model）で捉えることは有用である。」として，「生物-心理-社会モデル」による個人のアセスメントの重要性を指摘している。白波瀬（2015）は心理専門職ならではの能力として，クライエント支援するチームのなかで誰がどのような役割を果たすのかなど，連携するチーム自体をアセスメントする能力を提示している。一方，白波瀬（2015）は産業・労働分野の心理専門職の課題として「職場・組織への援助に比

べて個人への援助に偏りすぎている傾向への認識をもつこと」を指摘している。産業・労働分野における心理専門職は，個人と組織両方を的確にアセスメントして，個人のメンタルヘルス支援と職場の生産性向上や健全な機能の実現という2つの目標を目指す必要がある。

2）多職種連携で活用できるコミュニケーション力

現在，チーム医療，チーム学校など，産業・労働分野以外の領域においてもチームによる多職種連携が求められるように，産業・労働分野においても，対象者を支援する，経営者，管理監督者，産業保健スタッフおよび，外部EAP（後述）など，立場や役割の異なる複数の関係者との多職種連携が求められる。多職種が連携するために，黒木ら（2018）は説明責任が求められると，コミュニケーションの重要性を指摘している。心理専門職は，複数の関係者の集団力動のアセスメント力を有し，適切なコミュニケーションができる存在として，多職種連携において中心的な役割が期待されている。また，中嶋（2015）は「産業領域の心理職は情報共有の共通の目的を互いに共有・確認する必要があり，協働する専門家と専門用語を避けつつ，過不足なく情報のやりとりを実践すること」として，日常的な言葉によるコミュニケーションの必要性を指摘している。たとえば，職場復帰支援においては，本人，人事担当者，管理監督者，産業保健スタッフ，主治医，外部EAPなど，専門職以外の人も含めて，多く関係者の多職種連携が必要な支援であり，心理専門職は，このような支援のコミュニケーションの要として機能することが期待される。

3）多様な組織に対するコンサルテーション力

2018年の労働安全衛生法の改正で，公認心理師がストレスチェックの実施者になった。また，前述したように，現状，努力義務ではあるが，ストレスチェック後の集団分析については，「第13次労働災害防止計画」

でも，60％以上という数値目標が掲げられている。ストレスチェック制度において心理専門職が活躍できる領域は，集団分析した後の職場環境改善における職場ミーティングのファシリテーターなどの中核的な存在や，心理学的な視点での職場環境改善案の提案などの役割が期待されている。また，川上（2015）は「事業場という組織の中でどのように職場のメンタルヘルス対策の体制をつくり，計画を立て，評価・改善してゆくかについて学ぶ必要がある。」と指摘し，心理専門職がメンタルヘルス対策全体のコンサルテーションを担えるような学びの必要性を指摘している。

（4）産業・労働分野の心理専門職に新たに求められる能力・知識

今後の産業・組織分野における心理専門職には，以下に取り上げる視点を活用した支援を担えることが必要になり，これまで心理専門職が扱わなかった領域の能力・知識が求められることが想定される。

1）ポジティブ・アプローチ

高橋（2015）は，産業・労働分野における心理専門職の支援の方法として，ポジティブな側面を見る視点の提供を指摘し，具体的にはワーク・エンゲージメントのような健康体で働く個人がより生産性を上げるための支援等の必要性を指摘している。また，川上（2015）はポジティブ・アプローチが重要な理由として，「職場のメンタルヘルス対策をより一層，経営とつなげ，経営戦略として位置付けることができるようになる。」と指摘し，心理専門職が事業者と連携してメンタルヘルス対策に取り組むための接点として，ポジティブ・アプローチをとらえている。これまでの心理専門職は，精神疾患等で職場不適応になった従業員の支援等，本人をネガティブな状態から元の状態に戻していくことを目標に支援をしていたが，今後は健康体で働く個人をより健康的に生産性を上げてい

けるように，個人と組織を支援するポジティブ・アプローチが必要になっ
てくることが想定される。

2）ライフ・キャリア支援

　今後の産業・労働分野における心理支援については，ライフ・キャリ
ア支援の視点が欠かせないことが想定される。中嶋（2015）は「産業領
域ではキャリアの観点なしにメンタルヘルスマネジメントは奏功しな
い。このキャリアの分野の知識は必須」と指摘している。島津（2015）
は「個人は職業生活だけを営んでいるわけではなく，職業以外の生活も
営んでいるので，ワーク・ライフ・バランスの視点は重要であろう。」と
指摘している。

　また，グラットンら（2016）が提唱している「人生 100 年時代」にな
ると，たとえば，80 歳まで働くことが当たり前の世の中になり，働く個
人は，「本当に 80 歳まで働けるのだろうか」「今まで積み上げてきたキャ
リアが活かせるのだろうか」等，様々な不安を抱えながら生活していか
なければならないことが想定される。また，高橋（2015）は「ライフ・
キャリアの自由度はあるが，不透明で不安を抱える。だからこそ，生涯
発達の視点から，仕事と仕事以外の領域も含めた 1 人の生活人という視
点からの心理的援助は極めて重要」と指摘している。このような働く個
人に対して，キャリアの不安などを受けとめながらも，将来のライフ・
キャリアの可能性を見出していく支援は心理専門職が力を発揮できる役
割と思われる。

　金井（2015）は「心理職が働く人を支援する際に重要なことは，現在
の職務や職場の条件に縛られるのではなく，『人生全体を基盤として』さ
まざまな可能性に開かれているということ」「その個人の，その人らしい
ライフ・キャリアとは，なにかという問いを常に持ち続けていくことが
重要」と指摘し，働く個人の可能性と向き合い，引き出していくような

支援が求められていることを指摘している。

3）産業・労働分野の継続的な理解

　三平（2015）は「メンタルヘルス面も含めて，真に良好な労働環境を整備していくためには，心理職は積極的に人事・労務担当者と連携して，特に専門領域においては，リーダーシップを発揮すべきである。リーダーシップを発揮するためには，参画する企業への理解が必要」として，多職種連携の要として，専門領域において力を発揮して機能していくためには，企業組織の運営のルール等を把握することの重要性を指摘している。また，「心理職には，このような状況を的確に認識し，産業・企業を理解するための努力を怠ることなく，明確な目的意識と主体的な責任意識をもって，真摯に取り組んでほしい。」とも指摘している。黒木ら（2018）は「公認心理師においても，その名称独占資格の職責を深く自覚して，もって社会的な信用を確立するに足る職務を実践するべく不断の修練と研鑽に努めなければならない。」と指摘している。特に，公認心理師という国家資格だからこそ，社会的信用の確立のために，修練と研鑽が必要といえるだろう。

4. 産業・労働分野における心理専門職の職場・領域

　今後，産業・労働分野における心理専門職の活躍が期待される代表的な職場について，企業内相談室，外部EAP，そして産業・労働分野における心理専門職の支援が求められる領域としてリワーク，障害者就労支援を取り上げる。

（1）企業内相談室

　厚生労働省（2006）の「労働者の心の健康の保持増進のための指針」で提示されている4つのケアのうち，「事業場内産業保健スタッフ等に

よるケア」のなかで，相談窓口の設置が掲げられている。したがって，企業内相談室は企業の法令遵守の一環であり，メンタルヘルス対策における企業の責務とも位置づけられ，そのクライエントは主に当該企業の従業員であるが，従業員の家族の相談に対応することもある。小林（2018）は，企業内相談室における心理専門職の関わり方の特徴として，日常の予防策，不調への早期対応，ケースマネジメント，復職支援，再発予防，さらに従業員を取り巻く環境調整まで踏み込めること，上司や同僚，人事など支援対象が複数に渡ることなどを挙げている。そして，具体的な支援として，カウンセリング，コンサルテーション，リファー，関係者間の情報共有等を実施し，問題解決につなげていくことを挙げている。また，三宅（2016）は，企業内相談室が機能を発揮するためには，従業員が面接等で来談したことや相談内容が職場や人事労務管理部門等に漏れないことを担保するなど，信頼関係の構築が必要かつ重要であると指摘している。

（2）外部 EAP

　EAP（Employee Assistance Program：従業員支援プログラム）は，職場で発生する心理的問題や精神的疾患を抱える従業員に対して，具体的対応や問題解決できる支援システムとして展開されてきた。前述した企業内相談室のように，自社内でシステムを構築した場合を「内部 EAP」，法人組織が EAP を構築し，企業や組織にサービスを提供する場合を「外部 EAP」という。

　白波瀬（2018）は，EAP の運営母体として，4つの組織体を提示している。第一は心理系 EAP で，個人カウンセリングや上司への相談・助言等によって，従業員の適応改善を目指すことを通してメンタルヘルス対策を行う。第二は精神医療や健康診断の経験に基づいてメンタルヘルス

対策を提供する医療系 EAP である。第三はコンサルティング系 EAP
で，キャリアカウンセリングや自己啓発，組織コンサルテーションを主
体としたメンタルヘルス対策を提供する。第四は保険会社が運営する
EAP である。

　一方，外部 EAP のクライエントは，従業員本人だけでなく，会社や組
織，特に人事，労務担当や上司等も対象になる。また，外部 EAP の業務
は多岐にわたり，個人へのカウンセリング，グループカウンセリング，
メンタルセミナーの開催，人事担当者等に対するコンサルテーション，
ストレスチェックなどの調査から収集されたデータの分析とその結果の
報告等が挙げられる。伊藤（2016）は外部 EAP の契約は企業同士で交わ
しているため，個人の論理とともに組織の論理が重要視され，他の領域
の心理専門職の職場と比べて，組織と個人支援のバランス感覚が必要で
あると指摘している。

（3）リワーク

　リワークは，return to work の略語で，精神疾患等が原因で休職中の
労働者に対し，職場復帰を目指したリハビリテーションを実施する機関
で行われているプログラムのことである。2008 年，リワークを実施して
いる 32 医療機関によって，うつ病リワーク研究会（現在，日本うつ病リ
ワーク協会）が組織化され，リワークが行われる施設，内容に応じて，
医療機関で行う「医療リワーク」，障害者職業センターで行う「職リハリ
ワーク」，企業内や外部 EAP 等で行われる「職場リワーク」に分けられ
る（高橋ら，2015）。「医療リワーク」は職場復帰支援を目的にプログラ
ム化されたリハビリテーションであり，参加状況等を観察し，本人の病
状が安定していれば段階的に負荷を上げて職場復帰につなげていくプロ
グラムである。「職リハリワーク」は直接的な目的が病状の回復ではなく，

休職者の職場適応と雇用主支援である点が特徴である。さらに，「職場リワーク」は休職者が安定した就労ができるのかを見極め，スムーズな職場復帰を実現するための企業による支援という点が特徴である。

　リワークにおける心理プログラムは主として集団療法であり，心理専門職や精神保健福祉士等によって実施される。高橋ら（2015）は，リワークのスタッフとして求められる役割として，①個々のメンバーの評価，②集団力動の把握，③メンバーから期待される役割と担うべき役割，④「集団」を扱うスキル，⑤他職種との連携・役割分担などを挙げている。

（4）障害者就労支援

　産業・労働分野における心理専門職が障害者就労支援で関わる職場の仕事は，ハローワーク内の障害者専門窓口の相談員，就労移行支援事業所の生活支援員，障害者専門の人材紹介会社の相談員，再就職支援会社のキャリアカウンセラーなど，多様な形態の就労支援組織の相談業務が主である。小川（2017）は，障害者就労支援組織について支援を受ける人の相談内容により雇用的支援と福祉的支援に分類している。

１）雇用を基盤にした就労支援

　ハローワークの障害者就労支援は，障害者を対象とした求人情報の提供に加え，地域障害者職業センターと連携し，同センターの職業リハビリテーションサービスを修了した障害者に多様な支援をするなど，地域の障害者就労支援の中核的役割を担っている。また，障害者対象の有料民間職業紹介業者は，障害者を採用したい企業と求職中の障害者をマッチングする役割を担っている。以下，筆者が所属していた再就職支援会社を取り上げる。

・再就職支援会社

　再就職支援会社とは，経営状況の悪化等が要因で雇用を調整する企業

からの要請を受けて，会社都合により退職した人の再就職を支援する会社である（馬場，2016）。この機関の心理専門職は，失業の喪失体験による心の傷や中高年の再就職の困難さに起因する度重なる不合格の挫折感等を受けとめることが必要になる。また，再就職活動の長期化により，仕事内容，待遇面など，意に沿わない選択せざるを得ない場合，自らの人生の文脈の中で，どのように位置づけるかも心理専門職の役割になる。さらに，障害者であることを明らかにして働く（オープンでの就労）と障害者であることを伏せて働く（クローズでの就労）のメリットとデメリットを説明したうえで，本人の意思決定を支援することもある。

2）福祉を基盤とした就労支援

・地域障害者職業センター

独立行政法人高齢・障害・求職者雇用支援機構が各都道府県に設置している障害者職業リハビリテーションの専門機関で，職業相談，職業評価，職業準備支援，ジョブコーチ支援などを行っている。

・障害者就業・生活支援センター

地域に根差した就労機関として，複数の市町村で構成する障害者福祉圏単位に設置され，ハローワークや就労移行支援事業等との連携，就職活動の支援，企業との調整，就職後の定着支援などが行われている。

・就労移行支援事業所

就労移行支援事業所は，就労希望者を対象にビジネスマナーなどの知識やIT機器の操作等の訓練，および就職活動に関する支援，適性に応じた職場開拓，就職後の職場定着に必要な支援，原則2年間の期限で行う。現場は5～6人のスタッフで構成され，管理者，就労支援員，生活支援員，職業指導員の4つの仕事がある。鈴木（2018）は，この機関においては，マルチタスクの中で結果を出すことの専門性が求められると指摘し，備品購入，事業所清掃，集客や行政対応，そして，企業訪問，面

接練習等も担当するので，自分の仕事が心理専門職の延長線上だけと考えることの危うさを指摘している。

5.　まとめ

これまで述べてきたように，2019年4月から「働き方改革」関連施策が実施されたのを契機に，働く個人を支援する産業・労働分野における心理専門職の活躍が期待される領域がさらに広がることが想定される。すわなち，働く個人が自分らしく，よりいきいきと働き，多様なライフ・キャリアを歩んでいくための支援ができる存在，そして，働く個人がいきいきと働ける組織づくりの担い手としての活躍が期待される。

産業・労働分野における心理専門職の活躍が期待される領域が広がる一方，求められる姿勢，能力等はより高く，より多岐にわたり，現場からの要望に応えるためのハードルが上がることが想定される。

今後，現場からの高い要望に応えるためには，心理専門職が個人で行う自己研鑽だけでなく，心理専門職同士が人的ネットワークを構築し，それぞれが関わる現場で抱えている問題を共有し，それぞれが保有している知識やスキルなどの共有や事例検討等を行うなど，相互学習の機会を自ら作っていくことも必要になってくるだろう。

また，産業・労働分野における心理専門職が支援する現場は，それぞれ働く個人が置かれた状況，環境等に多様性があり，病院や学校等の領域に比べて，時代の変遷に応じて速いスピードで変化していくことにも特徴がある。したがって，働く個人が属する業界，企業組織，職種，年代等の属性に応じて支援の方向性や解決策を検討する必要がある。

そして，働く個人を支援していく時間軸も，予防，治療，職場復帰，アフターフォロー等といった連続性を持ち，長い時間軸の中で支援の方向性や解決策を変化させていく必要がある。さらに，働く個人が関わる

組織だけでなく，家庭等も視野に入れて支援の方向性や解決策を検討する必要があるなど，働く個人の人生全体を視野に入れて支援する必要がある。

　産業・労働分野における心理専門職に対して求められる能力やスキル等は高く，幅広いものの，現状，産業・労働分野における心理専門職の人数は，他の領域に比べて多くない。実際，2016年4月に一般社団法人日本臨床心理士会が発表した，第7回「臨床心理士の動向調査」(2016)によると，産業・労働領域で働く臨床心理士の割合は，3.9%に過ぎない。ちなみに，保健・医療領域では41.9%である。

　したがって，今後，産業・労働分野における心理専門職の人数が増えることを期待したいが，短期的には，現状の産業・労働分野における心理専門職の質を上げていくことが喫緊の課題である。そのためにも，これまで述べてきた，今後の産業・労働分野における心理専門職に求められる役割，能力等の向上について，個人の努力だけでなく，人的ネットワークを通じた相互研鑽をするなかで，産業・労働分野に関わる心理専門職全体の課題として取り組んでいく必要がある。

【参考文献】

総務省（2019）平成 30 年度労働力調査（基本集計）平成 30 年平均（速報）結果

厚生労働省（2019）平成 30 年度労働安全衛生調査（実態調査）の概況

厚生労働省（2019）平成 30 年度過労死等の労災補償状況

日本生産性本部（2018）労働生産性の国際比較 2018

厚生労働省（2019）平成 30 年度個別労働紛争解決制度の施行状況

Lynda Gratton, Andrew Scott 著，池村千秋訳（2016）LIFE SHIFT—100 年時代の人生戦略　東洋経済新報社

厚生労働省（2006）労働者の心の健康の保持増進のための指針

厚生労働省（2018）第 13 次労働災害防止計画

金井篤子編（2016）産業心理臨床実践　個（人）と職場・組織を支援する産業心理臨床とは　ナカニシヤ出版

高橋美保（2015）産業・組織領域における心理職の現状と課題　臨床心理学 15（3）293-296　金剛出版

種市康太郎（2017）産業・労働分野に関する理論と支援の展開　こころの科学　公認心理師養成大学・大学院ガイド—知識と技術　こころの科学増刊（野島一彦編）126-129　日本評論社

中村美奈子（2017）復職支援ハンドブック—休職を成長につなげよう　金剛出版

下山晴彦（2015）産業・組織領域における心理職の活動の発展に向けて　臨床心理学 15（3）　289-296　金剛出版

中嶋義文（2015）連携（team building）のための専門技能　臨床心理学 15（3）　329-336　金剛出版

黒木俊秀，村瀬嘉代子（2018）わが国における心理職の職域と役割　臨床心理学 18（4）　387-390　金剛出版

白波瀬丈一郎（2015）総合サービスとしての EAP のための専門技能　臨床心理学 15（3）　337-341　金剛出版

川上憲人（2015）職場ストレスとメンタルヘルス　臨床心理学 15（3）　302-307　金剛出版

島津明人（2015）ワーク・ライフ・バランス　臨床心理学 15（3）　308-312　金剛出版

金井篤子（2015）ライフ・キャリア構築　臨床心理学 15（3）　313-318　金剛出版

三平和男（2015）人事・労務の基礎知識　臨床心理学 15（3）　319-323　金剛出版

小林由佳（2018）公認心理師のための職場地図　産業・組織領域　主要領域　一般企業　臨床心理学 18（4）　434-435　金剛出版

三宅美樹（2016）公認心理師の活躍が期待される職域・活動　企業内相談室　公認心理師への期待　こころの科学増刊号（野島一彦編）　92　日本評論社

白波瀬丈一郎（2018）EAP（従業員支援プログラム）臨床心理学 18（4）　436-437　金剛出版

伊藤寛臣（2016）公認心理師の活躍が期待される職域・活動　産業・組織領域　外部EAP 機関　公認心理師への期待　こころの科学増刊号（野島一彦編）　93　日本評論社

高橋望・林俊秀・福島南・五十嵐良雄（2015）リワークプログラムにおける心理職の役割　臨床心理学 15（3）　357-362　金剛出版

小川浩（2017）発達障害者の就労支援にかかわる法律と制度　こころの科学　195　22-26　日本評論社

馬場洋介（2016）公認心理師の活躍が期待される職域・活動　産業・組織領域　キャリア支援　公認心理師への期待　こころの科学増刊号（野島一彦編）日本評論社　96

鈴木慶太（2018）公認心理師のための職場地図　福祉領域　精神障害者就労　臨床心理学 18（4）　金剛出版　458-459

一般社団法人日本臨床心理士会（2016）第 7 回「臨床心理士の動向調査」報告書

【学習課題】

1．産業・労働分野における働く個人の特徴についてまとめてください。

2．産業・労働分野における心理専門職に求められる姿勢，能力についてまとめてください。

3．今後，産業・労働分野における心理専門職に新たに求められる能力についてまとめてください。

10 | 司法・犯罪分野における心理専門職のはたらき

平野直己

《**目標＆ポイント**》 犯罪や少年非行に関わる心理専門職のはたらきを紹介するにあたって，まずは私たちの国が犯罪者や非行少年と呼ばれる人たちを取り扱っていく処遇システムを示す。そして，そのシステムに関与するさまざまな機関の役割や機能を把握した上で，そこで働く心理専門職の仕事の内容を概説する。最後にまとめとして，司法分野の心理専門職の役割と課題について考察する。

《**キーワード**》 犯罪，犯罪者，非行少年，処遇の流れ

1. 司法・犯罪分野とはどんな分野か

　本章で扱う司法・犯罪分野は，犯罪に代表される社会秩序を乱す行為や，さまざまな当事者間のもめごと・紛争に対して，正しく法を用いて抑止・解決することに関わる分野である。

　司法・犯罪分野に関わる心理専門職のはたらきについて紹介するにあたって，まずは私たちの国が犯罪者や非行少年と呼ばれる人たちを取り扱っていく処遇の流れを示すことからはじめる。平成 30 年（2018 年）度の犯罪白書（法務省，2018）をふまえて，処遇のシステムを，警察，検察，裁判（審判），矯正（矯正処遇・矯正教育），更生保護に分けて概説したい。

　その前に，これから本章で用いる犯罪，犯罪者，非行少年という言葉について簡単に説明する。

（1） 犯罪，犯罪者，非行少年

　犯罪は，法令によって刑事罰が定められている行為を行うことを意味する。あらかじめ犯罪となる行為の内容と刑罰を明確に法令によって定めておかねばならないのである。この原則は，罪刑法定主義の原則の1つであり，慣習やそのときの権力者の都合やその時々の解釈によって，犯罪であるかどうかが勝手に変えられたり，処罰の重さを決められたりすることがないようにする上で重要な考え方である。そして，どういう行為をしたら犯罪になるかを定めた基本的な法律が刑法である。

　刑法では，犯罪行為に対して処罰を適用するに際して除外事項が設定されている。つまり，現行の刑法では，20歳になっているかいないかを成人（大人）と少年（子ども）の境目として，異なる処遇システムで取り扱われる。また，たとえ成人であったとしても，精神障害などにより責任能力の有無が処罰の適用において考慮される。したがって，犯罪者とは，20歳以上の成人で，刑罰法令で定められた犯罪に該当する行為をした責任能力のある者とするのが一般的である。

　また，非行少年においては，少年法の中で，次の3つのカテゴリーに当てはまる20歳未満の者を指すこととなっている。

①犯罪少年：罪を犯した少年（14歳以上20歳未満）。

②触法少年：14歳に満たないで刑罰法令に触れる行為をした少年。

③ぐ犯（虞犯）少年：次に掲げる事由があって，その性格または環境に照らして，将来，罪を犯し，または刑罰法令に触れる行為をするおそれのある少年。

　　ぐ犯の事由とは，(1)保護者の正当な監督に服しない性癖があること，(2)正当な理由がなく家庭に寄り付かないこと，(3)犯罪性のある人もしくは不道徳な人と交際し，またはいかがわしい場所に出入りすること，(4)自己または他人の徳性を害する行為をする性癖のある

　こと，である。

　一般に年齢で少年を区別したい場合は，14 歳から 16 歳未満を年少少年，16 歳から 18 歳未満を年中少年，18 歳から 20 歳未満を年長少年という呼称が用いられる。また，性別で区別したい場合は，男子少年，女子少年と呼ぶことがある。

（2）犯罪者の処遇の流れ

　図 10-1 は，警察などによって検挙された成人が，検察，裁判，矯正，更生保護の各段階で処遇されていく流れを示したものである（法務省，2018）。

1）警察，検察

　たとえば，被害者や目撃者からの警察への通報や被害申告などのようなきっかけ（捜査の端緒）により，犯罪があると思料するときに警察あるいは検察官は捜査を開始する。そして，捜査の結果，警察が検挙した事件は，検察官があらかじめ送致不要と指定した微罪処分の事件や，道路交通法違反などによる反則金納付のあった事件を除いて，検察官に送致される。検察官は，警察官と協働して捜査を行い，起訴あるいは不起訴，つまり裁判にかけるか否かを決める。

2）裁判

　起訴された事件の裁判は，公判手続による場合と，略式手続による場合がある。略式手続とは，検察官が請求し，簡易裁判所が公判手続によらず，書類手続によって罰金または科料を科す手続である。100 万円以下の罰金または科料に相当する事件について適用される。

　これに対して公判手続とは，正式に法廷を開いて裁判を行う手続である。裁判は公開の法廷で行われ，①冒頭手続（人定質問，起訴状朗読，黙秘権等の告知，被告人と弁護人の起訴事実に対する認否），②証拠調べ

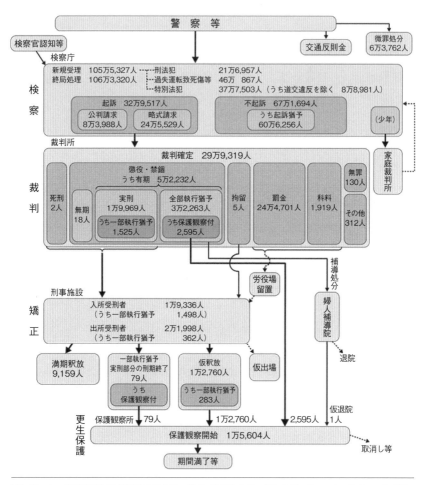

図 10-1 犯罪者の処遇の流れ（平成 29 年）（法務省（2018）平成 30 年版犯
罪白書）

手続（検察官の冒頭陳述，検察側の証拠の申請と取調べ，弁護側の証拠の申請と取調べ，被告人質問），③弁論手続（検察官による論告と求刑，弁護人による弁論，被告人の最終陳述），④結審（裁判官の判決言渡し）という手続の流れで進められる。公判手続によって有罪と認定された場合は，死刑，懲役・禁錮，拘留，罰金，科料の判決が言い渡される。第一審の簡易または地方裁判所による判決に不服がある場合は，高等裁判所に控訴することができ，第二審の判決に不服があるときは最高裁判所に上告することができる三審制をとっている。

3）矯正

　刑務所は成人の矯正処遇を担う刑事施設である。受刑者の処遇は，「刑事収容施設および被収容者等の処遇に関する法律」に基づいて，受刑者の人権を尊重しつつ，その者の資質および環境に応じて，その自覚に訴えて，改善更生の意欲の喚起および社会生活に適応する能力の育成を図ることを目的として行われる。その流れを簡単に紹介する。

　まず，矯正処遇に先立ち，新たに刑が確定した受刑者に対して，心身の状況，生育歴，犯罪性の特徴，家庭・生活環境，将来の生活設計などの処遇に必要な基礎資料を得るための処遇調査（刑執行開始時調査）が実施される。この処遇調査は，医学，心理学，教育学，社会学などの専門的知識および技術を用いて面接や診察，受刑者用に開発されたリスクアセスメントツールなどを活用して行われる。また，新たに刑が確定した受刑者のうち，26歳未満の初入者および特別改善指導の受講にあたり特に調査を必要とする者などの要件を満たす者については，調査センターとして指定されている刑事施設で精密な調査が行われることになっている。この処遇調査の結果に基づいて，それぞれの受刑者に，実施すべき矯正処遇の種類と内容，さらには受刑者の属性や犯罪傾向の進度を示す指標（処遇指標）が指定される。それぞれの刑務所には，その施設

において実施できる矯正処遇の種類や収容できる受刑者の属性や犯罪性の進度等の区分（処遇区分）が定められており，この区分に基づいて受刑者の集団を編成し，受刑者ごとの矯正処遇における目標や基本的な内容と方法を定めた処遇要領を策定する。

矯正処遇は，刑務作業，改善指導，教科指導の三本柱で構成される。

懲役という刑は自由を拘束して所定の作業を科す刑罰であるが，もう一方で刑務作業は受刑者に規則正しい勤労生活を行わせることによって，その心身の健康の維持，勤労意欲の育成，規律ある生活態度や共同生活における自己の役割・責任の自覚などを促すこと，職業知識や技術を身につけて社会復帰に役立てることも目的としている。木工，印刷，洋裁，農業などの生産作業，自動車整備や介護職員実務者研修などの職業訓練，刑務所内での炊事，洗濯等の経理作業や建物の修繕などを行う営繕作業などの自営作業，そして通学路の除雪作業や除草作業などの社会貢献作業が実施される。

改善指導は，受刑者に犯罪の責任を自覚させ，社会生活に適応するのに必要な知識や生活態度を習得させるために行われるもので，すべての受刑者を対象とする一般改善指導と，改善更生や円滑な社会復帰に支障となるような特定の事情を有する受刑者を対象とした特別改善指導がある。特別改善指導には，①薬物依存離脱指導，②暴力団離脱指導，③性犯罪再犯防止指導，④被害者の視点を取り入れた教育，⑤交通安全指導，⑥就労支援指導がある。

教科指導は，社会生活の基礎となる学力を欠くことによって改善更生や円滑な社会復帰に支障があると認められる受刑者に対して，その学力に応じて，高等学校等で行う教育内容に準ずる指導を行うものである。

刑務所ではそのほかにも，制限の緩和，優遇措置，外部通勤作業，外出および外泊などの矯正処遇を効果的に実施するための制度が設けられ

ている。

4）更生保護

　更生保護の機関には，法務大臣への個別恩赦の申出等の権限を有する中央更生保護審査会と，矯正施設の長からの申出等に基づいて仮釈放・仮退院の許否を決定する権限を持つ地方更生保護委員会，そして，地方裁判所の管轄区域ごとに置かれている保護観察所がある。保護観察所は，保護観察，生活環境の調整，更生緊急保護の実施，犯罪予防活動の促進等の業務を行う機関である。

　保護観察とは，犯罪をした人が社会の中で更生できるように，保護観察官と民間ボランティアである保護司が指導と支援を行うものであり，刑務所等の矯正施設での施設内処遇に対して，保護観察は社会内処遇と呼ばれる。成人の保護観察には，仮釈放に伴う保護観察と，刑の執行猶予にあわせて付される保護観察がある。また，婦人補導院の仮退院による保護観察もあるがその数は少ない。

　保護観察は，対象者の改善更生を図るために，指導監督（指導）と補導援護（支援）を行う。指導監督とは，①行状把握（面接による対象者との接触，生活状況等の把握），②指示・措置（遵守事項（後述）を守って生活するために必要な指示・措置），③専門的処遇（特定の犯罪傾向（性犯罪，覚せい剤依存，暴力傾向，飲酒運転など）を改善するための専門的処遇）を意味する。これに対して補導援護は，自立した生活を送るための援助や助言を行うものである。

　保護観察の期間中，対象者には遵守事項と呼ばれるルールが課される。すべての対象者になされる一般遵守事項とともにその対象者の特性や状況に合わせた特別遵守事項が定められ，遵守事項が守られない場合には，保護観察官によって面接などが行われ，違反に対する措置が検討される。場合によっては仮釈放の取消などのいわゆる不良措置がとられることも

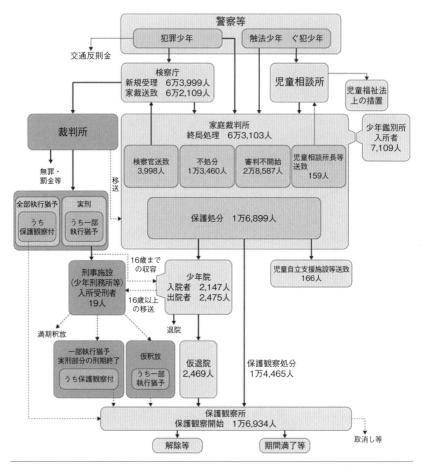

図10-2 非行少年の処遇の流れ（平成29年）（法務省（2018）平成30年版犯罪白書）

ある。

（3）非行少年の処遇の流れ

　警察などに検挙された少年が，検察，審判，矯正教育，更生保護の各段階で処遇されていく流れをみてみよう（**図 10-2**）。

1）警察，検察

　警察は，非行が疑われる少年を発見した場合に，必要な捜査や調査を行い，検察官や家庭裁判所，児童相談所といった関係機関へ送致または通告するほか，その少年の保護者に助言を与えるなど，非行が疑われる少年に対して適切な指導がなされるように措置をする。

　14 歳以上 20 歳未満の少年については，法律に定める手続に従って，必要な捜査を行った後で，罰金以下の刑にあたる事件は家庭裁判所に，禁錮以上の刑にあたる事件は検察官に送致する。14 歳未満の少年については，保護者がいないか保護者に監護させることが不適当と認められる場合には，児童相談所に通告する。そのほかの場合には，保護者に対して適切な助言を行うなどの措置を講じる。また，故意による犯罪行為により被害者を死亡させるなどの罪に触れる行為をしたと考えられる場合には，事件を児童相談所長に送致しなければならない。そして，ぐ犯少年については，18 歳以上 20 歳未満の少年は家庭裁判所に送致し，14 歳以上 18 歳未満の場合は事案の内容や家庭環境から判断して家庭裁判所か，児童相談所のいずれかに送致または通告する。14 歳未満の場合には，児童相談所に通告するか，その非行の防止を図るために特に必要と認められる場合には保護者の同意を得た上で補導を継続的に実施する。

　検察官は，警察からの送致などを受けて必要な捜査を行い，犯罪の疑いがあると認めた場合は，事件を家庭裁判所に送致する。犯罪の嫌疑がなくても，ぐ犯などの事由がある場合には，同様に事件を家庭裁判所に

送致する。その際，少年に刑罰を科すのが相当か，保護観察や少年院送致といった保護処分に付すのが相当かなど，処遇に関する意見を付している。

　家庭裁判所の送致後，家庭裁判所から少年審判に関与すべきであるとの決定があった場合には，これに関与して裁判所の事実認定の補助をする。また，家庭裁判所から刑事処分相当として検察官に戻されて送致されることを検察官逆送という。この逆送事件については，道路交通法違反等による略式命令がほとんどであるが，公訴提起に足りる嫌疑が認められる場合には公判請求がなされることになる。

2）審判

　家庭裁判所では，送致された少年に対する調査と審判を行い，非行があると認められるときは，教育的なはたらきかけも行いながら，少年が非行に至った原因などを検討して，その少年にとって最も適切と考えられる処分を決定する。

　調査では，事件を受理した家庭裁判所は，家庭裁判所調査官に対して，少年，保護者，関係者の行状，経歴，素質，環境等について，少年，保護者または参考人の取り調べやその他の必要な調査を命じる。また，審判を行うために必要があるときは，観護措置決定により，少年を少年鑑別所（後述）に送致することができる。

　通常審判は，裁判官が単独で行われるが，重大事件などの場合には3人の裁判官による合議体で行われることもある。また，故意による被害者死亡事件，2年以上の懲役または禁錮，死刑，無期にあたる罪については，非行事実認定のために検察官に関与させる決定ができ，この場合は少年に弁護士の国選付添人が付される。また，審判は非公開で，懇切を旨として和やかに行うとともに，少年に対して非行についての内省を促すものとしなければならない。審判には，少年，その保護者，付添人，

および原則として家庭裁判所調査官が出席するほか，親類，教師，その他相当と認める者に在席が許されることがある。

　保護処分には，通常①保護観察，②児童自立支援施設等送致，③少年院送致の３つがあり，審判を開いたり，保護処分に付したりする必要がない場合などには，審判不開始や不処分にすることもある。また，保護処分を決定するために必要があると認めるときは，相当の期間，家庭裁判所調査官に少年を直接観察させるなどの試験観察に付することができる。犯行時に 14 歳以上の少年で，禁錮以上の刑にあたる罪の事件について，刑事処分を相当と認めるとき，すなわち大人の司法手続で裁くのが相当と認めるときは，検察官に送致することもある。

　少年鑑別所は，①家庭裁判所等の求めに応じて，鑑別対象者の鑑別を行うこと，②観護の措置がとられて少年鑑別所に収容される者などに対して，必要な観護処遇を行うこと，③地域社会における非行・犯罪防止に関する援助を行うことを業務とする施設である。観護措置による収容期間は原則 2 週間以内であり，特に必要があるときは，家庭裁判所の決定により，期間が最長 8 週間まで更新されることがある。鑑別の結果は，鑑別結果通知書として家庭裁判所に送付されて審判の資料になるほか，保護処分が決定された場合には，少年院や保護観察所での処遇の参考として送付される。

3）矯正教育

　少年院は，家庭裁判所において少年院送致の保護処分に付された者と，16 歳に達するまでに刑の執行を受けるものを収容し，矯正教育その他の在院者の健全育成に資する処遇を行う施設である。矯正教育は，少年の特性に応じ，生活指導，職業指導，教科指導，体育指導，特別活動指導を組み合わせて行うものであり，少年の特性に応じた矯正教育の目標・内容・期間や実施方法を具体的に定めた個人別矯正教育計画を作成し，

きめ細かく行われている。

　また，少年院在院者には，家族関係に葛藤を抱える少年が少なくないことから，保護者その他相当と認められる者に対して，在院者の処遇に関する情報提供，職員による面接，教育活動への参加促進，保護者会・講習会の積極的な開催などとともに，必要に応じて指導助言その他の適当な措置をとるなど，家族関係の調整も行う。

　懲役や禁錮の実刑の言渡しを受けた少年については，刑執行のために，主に少年刑務所等に収容される。そこでは，各少年の資質と環境の調査の結果をふまえて，一人ひとりに個別担任を指定して面接や日記指導といった個別的な指導を行うなど，心身が発達途上にあり可塑性に富む少年受刑者の特性に応じた矯正処遇を実施する。

４）保護観察

　保護観察は，少年院からの仮退院となった少年と，非行により家庭裁判所から保護観察の処分を受けた少年が，保護観察官と保護司の協働での指導監督のもとで，社会内で生活をしながら更生を図る保護処分である。具体的には，月に数回，保護司と面接をして，近況を報告した上で，保護司から指導を受けていくのが一般的である。複雑で困難な問題を抱えた少年に対しては，保護観察官が直接的に関与する程度を高めるなどによって，対応をしていくことになる。

　保護観察の期間については，保護観察処分少年については，原則として20歳に達するまでで，20歳に達するまでに2年に満たない場合には2年間の保護観察を受ける。しかし，保護観察所の長の判断によって，解除や一時解除などの措置がとられることもある。少年院仮退院者は，少年院に収容すべきであった期間の満了まで保護観察を受けるが，保護観察所の長の申出に基づいて地方更生保護委員会が退院を決定し，保護観察が終了することもある。

　無職である，中学生である，精神障害がある，性犯罪や覚せい剤事犯であるなどの少年の問題性やその特性により，類型別の処遇プログラムがなされる。成人の保護観察と同様に，一般遵守事項とともにその少年に合わせた特別遵守事項が定められるなど，少年の特性や状況に応じた対応がなされる。

　保護観察処分少年が遵守事項を守らなかった場合，保護観察所の長はこれを遵守するよう少年に警告を発することができる。それでもなお遵守事項を守らず，その程度が重いときは，家庭裁判所に対して，新たな保護処分として，児童自立支援施設・児童養護施設送致，または少年院送致の決定をするように申請することができる。また，新たにぐ犯事由があると認められるときは，家庭裁判所に通告することができる。

　少年院仮退院者が遵守事項を守らなかったときは，保護観察所の長の申出と地方更生保護委員会の申請を経て，家庭裁判所の決定によって，少年院に再収容（戻し収容）をすることがある。

2.　司法領域の心理専門職のはたらきについて

　司法領域での心理専門職の役割は，①資質，環境などのアセスメントおよび調査，②個人や集団に対するカウンセリング，心理療法，③地域への予防・啓発活動，④調査研究活動が中心になっている。

　④の調査研究については，警察庁の附属機関である科学警察研究所，警視庁および道府県警察本部の刑事部に設置される附属機関である科学捜査研究所，法務省の研究・研修機関である法務総合研究所において心理学に関わる研究者が勤務している。本章では，主に①から③に関わる現場について紹介する。

（1）家庭裁判所：家庭裁判所調査官

　家庭裁判所調査官は，家庭裁判所で取り扱われる家事事件，少年事件などについて調査を行うことが主な仕事である。家事事件では，紛争の当事者や親の紛争の最中に置かれている子どもに対して面接をして問題の原因や背景を調査したり，気持ちが混乱している当事者や子どもに対して冷静に話し合いができるように傾聴などカウンセリングの技法を用いて心理的な援助をしたり，調停に立ち会い当事者間の話し合いがスムーズに進められるようにすることもある。必要に応じて，社会福祉や医療などの関係機関との連絡や調整などを行いながら当事者や子どもにとって最善の解決方法を検討し，事件の適切な解決に向けて裁判官に対して審判や調停を進める上で参考となる報告を行う。

　少年事件では，非行を犯したとされる少年とその保護者に会い，事情を聞くなどして，少年の生育歴，性格や資質，生活環境などの調査を行い，非行に至った動機や原因を探求する。少年鑑別所，保護観察所，児童相談所などの関係機関と連携を図りながら，少年が立ち直るために必要な方策を検討し，裁判官に報告する。この報告を参考にして，裁判官は少年の更生にとって最も適切な解決に向けて審判を行う。

　また，試験観察においては，家庭裁判所調査官は，継続的に少年を指導したり，援助したりしながら，少年の行動や生活状況を観察する。

（2）警察：少年警察補導員など

　少年警察補導員は，警察署や少年サポートセンターに配置され，少年警察活動のうち強制的な権限行使を必要としない，主として不良行為少年等の補導，被害を受けた少年に対する継続支援活動，問題を抱えた少年や保護者からの相談への対応，街頭での補導活動と有害環境の浄化，さまざまな広報・啓発活動，少年警察ボランティアや関係機関などとの

連携などを行う。

　また，心理学の専門家として少年育成などを担当する技術職員が少年心理専門官や少年相談専門職員などという名称で，少年サポートセンターなどに採用されている。

（3）少年院，少年鑑別所，刑務所：法務技官（心理），法務教官

　法務技官（心理）は，心理学の専門的な知識や技術などを活かし，非行や犯罪の原因を分析し，対象者の立ち直りに向けた処遇指針の提示や，刑務所の改善指導プログラムの実施に携わる専門職であり，少年鑑別所や少年院，刑務所，少年刑務所，拘置所に勤務する。

　少年鑑別所では，少年に対して，面接や各種心理検査を行い，知能や性格等の資質上の特徴，非行に至った原因，今後の処遇上の指針を明らかにする。また，審判決定によって少年院に送致された少年や保護観察処分になった少年にも，専門的なアセスメント機能を活用して継続的に関与する。その他，地域の非行および犯罪の防止に貢献するため，地域住民からの心理相談に応じたり，学校等の関係機関と連携して非行防止や青少年の健全育成のための取り組みに積極的に関わることも期待されている。

　刑務所においては，受刑者の改善更生を図るために，面接や各種心理検査を行い，犯罪に至った原因，今後の処遇上の指針を明らかにする。また，改善指導プログラム，特に特別改善指導として認知行動療法などの手法を取り入れたプログラムをグループワーク形式で受刑者に実施する。

　少年院では，個々の少年に対する矯正教育の計画策定や，各種プログラムの実施，処遇効果の検証等に関わる。

　法務教官は，対象となる成人ならびに少年に対して，社会復帰に向け

てきめ細かい指導や教育を行う専門職員であり，少年院，少年鑑別所，刑務所などの刑事施設に勤務する。

　少年院では，生活指導，教科指導，職業指導などの矯正教育を行うとともに，関係機関との連携しながら出院後の生活環境の調整，修学に向けた支援や就労支援などの円滑な社会復帰につなげるための支援を行う。

　少年鑑別所では，少年の心情の安定を図りつつ，面接や行動観察を実施し，法務技官（心理）と協力して，少年の問題性やその改善の可能性を探り，家庭裁判所の審判や少年院，保護観察所などにおける指導に活用される資料を提供する。また，本人の希望をふまえた上で，学習支援，一般的な教養の付与，情操の涵養などのはたらきかけも行う。

　刑務所においては，受刑者の改善指導等に携わり，性犯罪や薬物依存などに関わる問題性にはたらきかける指導や，就労支援指導や教科指導などを行う。

　近年，刑務所や少年院では民間の専門家の活用が進められている。民間の心理専門職については非常勤の処遇カウンセラーとして，受刑者へのカウンセリングや，性犯罪や薬物依存の再犯防止に関する特別改善指導としてグループワークの実施などを行う。

（4）保護観察所：保護観察官

　保護観察官は，保護観察所や地方更生保護委員会に勤務して，心理学，教育学，福祉および社会学等の更生保護に関する専門的知識に基づいて，犯罪を犯した人や非行のある少年の再犯・再非行を防ぎ，改善更生を図るための業務に従事する。

　保護観察所において，保護観察官は家庭裁判所で保護観察処分を受けた少年や仮釈放者等を対象にする保護観察を実施するほかに，矯正施設

被収容者の出所後の住居や就業先などの生活環境の調整，犯罪予防活動などの業務を行う。また，地方更生保護委員会では，刑務所などの刑事施設からの仮釈放や少年院からの仮退院に関する審理のために必要な調査を行うほか，仮釈放の取消や仮退院中の者の退院，保護観察付き執行猶予者の保護観察の仮解除などに関する業務に従事する。

　さらに，2003 年に成立した「心神喪失等の状態で重大な他害行為を行った者の医療および観察等に関する法律」に基づいて，心神喪失又は心神耗弱の状態で，殺人や放火等の重大な他害行為を行った人の社会復帰を促進することを目的とした医療観察制度が導入された。この制度の下で，保護観察所は，対象者が厚生労働省所管の指定入院医療機関を退院した後の生活環境の調整や，精神保健観察に付されて人に必要な医療と援助の確保を図る役割を担っている。社会復帰調整官はこの制度による処遇に従事する専門スタッフである。今後，公認心理師も社会復帰調整官として，地域における関係機関相互の連携・調整役を担うことが期待されている。

（5）そのほか：児童相談所，被害者支援センターなど

　そのほかにも，児童相談所や児童自立支援には，児童心理司や心理療法専門職が，福祉の観点から非行少年の支援にあたっている（詳しくは第 8 章参照）。また，全国各地で犯罪被害者のさまざまな困難や悩みを支援する民間の施設である被害者支援センターでは，心理専門職が直接支援としてカウンセリングなどを担当している。犯罪被害者の傷ついた心の回復に向けたケアについては，本章で十分に触れることができなかった。この領域はまだ制度としても課題が多いところであり，今後ますます心理専門職のはたらきが期待されることを指摘しておきたい。

3. 司法・犯罪分野の心理専門職の課題

（1）"罪には罰を"を超えて

　処遇の流れで示してきたとおり，司法のはたらきの1つとして，犯罪を行った者に対して，刑罰の名の下で，一定期間自由を奪うなどの苦痛を与えることを正義とみなす面がある。こうした正義を実現することで，反省や合理的な判断を高めて，再犯を防止するという考え方に立っているのである。しかし，近年，覚せい剤の使用や万引きなどの窃盗，痴漢やのぞきのような性犯罪などの犯罪行為を，本人の意思の弱さや自己責任としてとらえる考え方だけでなく，むしろ"依存（アディクション）"という文脈から理解する考え方も，処遇制度の中で取り入れられるようになっている。たとえば，覚せい剤取締法違反による刑務所受刑者に対して，刑務所や保護観察所において，認知行動療法に基づくワークブックが独自に作成されて薬物依存症に対する治療プログラムが実施されている。そこでは，ダルク（DARC）などの民間リハビリテーション施設の職員（彼らも薬物依存症者であり，受刑歴を持つ者もいる）もそのプログラムの指導者として関与するようになってきている。依存の問題は身体的のみならず心理社会的な要因も強くはたらいていることから，医学的な介入とともに，心理的な介入に期待が寄せられている。

（2）処遇システム内から地域へと広がるシームレスな支援に向けて

　また，"罪には罰を"に基づいた応報的な司法の手続は決して否定されるべきものではないが，先に挙げた依存としての犯罪のみならず，高齢者や障がい者等による犯罪において，加害者自身も自分の力や意志ではどうにもならない問題を抱えているという視点からの再犯防止への取り組みが2000年に入って広がり始めている。

　2014年12月，国は犯罪対策閣僚会議において，宣言「犯罪に戻らない・戻さない〜立ち直りをみんなで支える明るい社会へ〜」を決定した。さらに，2016年7月には，同会議で「薬物依存者・高齢犯罪者等の再犯防止緊急対策〜立ち直りに向けた"息の長い"支援につなげるネットワーク構築〜」が決定された。

　犯罪を繰り返させない，何よりも新たな被害者を生ませない，安全で安心して暮らせる地域社会を実現するためには，犯罪や非行を犯した者を社会から排除し孤立させるのではなく，責任ある社会の一員として再び受け入れることが自然にできる社会の構築に向かう必要があることが示されている。

　これらの取り組みの方向性として，再犯防止と社会復帰に向けて，刑務所や少年院などの矯正施設入所中から出所後に至るまで，これまで以上に立ち直りに関わる関係機関が連携を密にして地域社会とのつながりを持ちながら，シームレスな指導や支援を行える環境づくり，犯罪や非行を犯した者を受け入れて立ち直りを支える地域づくりが挙げられる。

　その一例として，少年鑑別所は「法務少年支援センター」として非行・犯罪に関する問題や，思春期の少年たちの行動理解に関する知識やノウハウを活用して，少年や保護者などの個人からの相談に応じて情報の提供や助言を行うほかにも，児童福祉機関，学校・教育関係機関，そのほか青少年の健全育成に携わる関係機関・団体と連携を図りながら，地域における非行・犯罪の防止に関する活動や，健全育成に関する活動を支援する拠点になるべく取り組みをはじめている。

　こうした関係機関の間で，そして地域社会との間で，シームレスな支援の構築に，今後心理専門職がどのように貢献できるかが問われているのである。

【参考文献】

法務省（2018）平成 30 年版犯罪白書

【学習課題】

1．図 10-1 と図 10-2 に掲げた犯罪者と非行少年の処遇の流れを追いながら，そこに挙げられている聞き慣れない司法領域の用語について調べてみよう。

2．裁判と審判では，その構造が異なっていることを確認し，その理由について考えてみよう。

3．あなたは，犯罪や非行を犯した人に対して，心理的な支援を行うことが必要と考えるか。必要（あるいは不必要）と考える理由を挙げてみよう。

11 | 被災地支援における心理専門職の役割

湯野貴子

《**目標＆ポイント**》 災害時の心のケアの関わりにおいて，心理専門職はいつ，どこでどのような活動をしているか，その基本となる考え方，実際と課題について紹介する。

《**キーワード**》 災害時の心理社会的支援，避難所での支援，支援者支援，サイコロジカル・ファースト・エイド，子どもにやさしい空間（CFS）

はじめに

　大きな被害をもたらす災害は，いつどこで起きるかわからない。多くの心理専門職は災害時の支援を専門としているわけではないが，災害が人の心に与える影響が社会的にも認識されるようになり，保健医療，福祉，教育，司法，産業・労働分野などの各自の専門領域を日常的に持ちつつ，それぞれの置かれた場所や立場で，災害時の支援をすることが幅広く求められるようになった。

　本章では，災害時の支援についてイメージが持てるよう，心理専門職として災害支援において果たす役割について，現在国際的に推奨される支援の基本となる考え方を概説し，具体的な実例を挙げる。大切なことは，二つとして同じ災害はないということであり，たとえ似たような災害であっても，地域によって個人によって必要とすることは異なるという認識である。つまり，災害支援とは，こうすればこうなるというよう

な，ひとつの決まった支援マニュアルがあるわけではなく，支援の基本となる考え方を学んだ上で，支援者が独善的になることなく，状況に応じた支援を，被災した地域の人々の気持ちに寄り添いながら，地域の人々とともに考え出すという柔軟なイメージを持つことが重要であるということを強調したい。

1. 被災地における支援の基本となる考え方

（1）心理社会的支援の基本：IASC（指針）とスフィア（基準）

　災害後の支援は，世界においても日本においても，その方法については長らく共通の見解がなく，時には今では有害とされるような支援方法が見られることもあった。そのような支援現場での混乱を防ぎ，何よりも被災した人々にとって，本当に役立つ支援を提供できるようまとめられた IASC（The Inter-Agency Standing Committee）ガイドラインについてまずは知識を持った上で支援を行うことが必須である。IASC は，各種国連機関や国際市民団体によって構成される機関間常設委員会のことで，国連決議を経て，「災害・紛争等緊急時における精神保健・心理社会的支援に関する IASC ガイドライン」（IASC, 2007）が作られた。災害・紛争などの緊急事態にさらされ，大きなストレスに見舞われた人々の精神保健と心理社会的ウェルビーイング（心身および社会的に健やかで幸せである状態）を人道的に支援することを目的としており，これまで定義が曖昧で誤解と混乱を招きやすかった「心のケア」という用語に代わり，「精神保健・心理社会的支援」という用語として明確な定義を行った重要なガイドラインとして位置づけられる。

　国際的な支援の現場，また日本においても東日本大震災以降，本ガイドラインの普及がなされてきた。本ガイドラインで注目すべきポイントは，多くの人は，安全や尊厳，権利がきちんと確保され，社会的支援，

表 11-1　**支援の基本原則**

基本原則	大まかな内容
人権および公平	被災したすべての人々の人権を擁護し，人権侵害のリスクが高い状態にある個人や人々を保護すべきである。公平かつ差別のない支援を行う。
現地の人々の参加	被災した人々による人道的支援活動の参加を最大限促進すべきである。
害を与えない（Do no harm）	よかれと思ったことでも，害を及ぼす可能性があることを知り，連携・調整グループに参加して他団体から学ぶ。合意したガイドラインや方法，基準に従うなどによって害を与えないように心がける。継続的なフォローアップや外部評価を受け入れる。
地域の資源と能力強化につとめる	できる限り，地域の活動資源の参加のもと，その地域の人々の能力強化を行いながら，自助を支援することを，その支援活動の目的とする。
支援システムの統合	活動プログラムを統合することで，課題の多数の要因に対処できるようにする。より大きなシステム（既存のコミュニティ支援の仕組みや公的な組織による取り組み，サービスなど）に統合されることによって，より多くの人にとって利用することに抵抗が少なく，持続可能な支援となりやすい。
多層的な支援	心理社会的支援を多層的にとらえ，すべての層に対し，包括的に並行して行われることが望ましい。

(IASC，2007 より作成)

つまり家族や友達，地域の人同士のつながりがあることで，自らが持つ回復していく力（レジリアンスやコーピングスキル）を発揮できるということを支援の前提においたことである。支援とは，誰もが持っているそうした回復力を促進することであり，**表 11-1** にあるような 6 原則が，遵守すべき支援の基本とされている。いずれも，地域社会の参加を含む「連携」の重視，個人や地域の持つ「回復力（レジリアンス）」の重視が

ポイントであることがわかる。また,「多層的な支援」の強調も大変重要で,従来いわれてきたような心理的なカウンセリングなどの専門家による心理的な介入は,心理社会的支援のごく一部であり,多くの人にとっては別の形での支援が必要で,より広い意味での人の心のサポートのあり方が強調されている。すなわち,食糧の安全性や栄養,衛生,避難所などの人々の基本的な生命と尊厳や安心・安全を支える側面,家庭や地域のネットワーク強化,心の専門家ではない医師や教育福祉の現場での見守りもまた,心理社会的ケアとして多層的に位置づけられている。

　IASC ガイドラインと併せて,その指針の基準となっている「スフィアスタンダード」にも触れておきたい。スフィアスタンダード(Sphere Standards, 2011, 2018) は,人道支援の現場において支援者が守るべき最低基準を示した指標として広く知られ,用いられているものである。スフィアは,被災者の権利に基づいた支援を行うことの重要性を強調し,被災者の尊厳ある生活を営む権利,援助を受ける権利,保護と安全を確保する権利,回復に関する決定に自らが参加する権利,公平に援助を受ける権利などが挙げられ,水や衛生,食糧,居住環境などの技術的な最低基準にこれらが反映されている。災害により権利が侵害されやすい子ども,高齢者,障がい者への特別な配慮についても触れられており,心理専門職にとっても重要な基準である。日本においても,内閣府など,自治体による「避難所運営ガイドライン」(内閣府, 2016) にもスフィアが反映されており,この基準を知っておくことは,現場に即した心理社会的支援活動を臨機応変に工夫し,害をなさない支援をするために必須である。スフィアには,子ども版(CPWG, 2012) もあり,子どもの支援のためには,子どもの権利条約と併せて学んでおきたい。

（2）被災者との関わりの基本：PFA

　被災者との関わりの基本として広く知られているのは，「心理的応急処置（サイコロジカル・ファーストエイド Psychological First Aid：以下，PFA」（WHO，2011：日本語訳，2012）である。これまで広く行われていたようなトラウマ体験やそれにまつわる感情表現を災害直後に促すようなデブリーフィング（ミッチェル＆エヴァリー，2002）と言われる方法は明確に否定され，その代わりに，前述した IASC ガイドラインとスフィアにおいても，人道的な「精神保健・心理社会的支援」の中の一つとして，PFA が推奨されている。PFA は「深刻な危機的出来事に見舞われた人に対して行う，人道的，支持的，かつ実際的な支援」と定義され（WHO，2011），精神医療的・心理的専門家による心理的介入とは異なり，支援者（ボランティアや NPO 団体メンバー，行政関係者など）誰もが，被災者に害を与えることなく回復力を促す関わりとして実行できるものである。WHO 版 PFA 以外にも，アメリカ国立子どもトラウマティックストレス・ネットワーク（NCTSN，2006；日本語訳，2009）による PFA などがあるが，いずれにおいても，被災者の回復力が重視され，科学的根拠に基づく専門家のコンセンサスが得られた長期的な心の回復力を促す必須の原則である，「安心」「落ち着かせること」「自分で自分を助ける力や自信を感じられる自己効力感」「人とのつながり」「希望」（Hobfoll, et. al, 2007）といった要素があるとされる。こうした要素を被災者自身から引き出し，被災者の安心・安全，尊厳，権利を尊重し，相手の考え方や意思決定を大切にしながら接すること，地域社会の人々とともに組織的に支援を行うことが強調される。

　具体的活動は，支援を行う準備（preparation）を入念にし，被災の状況や相手の状況をよく見て（look），相手が語りたいこと，ニーズに耳を傾け（listen），支援者自身が自分で何とかするのではなく，必要な現地

資源につないでいく（link）ことである。また，PFA には支援者自身の安心・安全の側面，つまりセルフケアを行うことも重要とされている。子どものための PFA（Save the Children, 2013, 2016）もあり，子どもとその保護者・養育者に対して PFA を実施する上で，子どもの発達段階の特性に応じた支援ニーズなどがまとめられている。

2. 実際の例にみる指針や基準の活用

（1）「連携」の重要性：支援者間連携調整会議

　以上述べてきたように，心理社会的支援は，地域や個人の回復力を促すよう，地域の人々を含む団体の間で連携しながら多層的に行っていくことが重要とされていることがわかる。では，「連携」とはどのようなものか，実際の例をみてみよう。

　日常の心理臨床活動においても，まず信頼関係を構築することが必要であるのと全く同じように，被災地域での心理社会的支援活動でも，重要なのは信頼に基づく連携であり，その体制を構築することである。日常的にすでに連携体制がある場合もあれば，一から構築しなくてはいけない場合もある。

　筆者は，東日本大震災の後 2011 年 3 月 25 日から国連ユニセフの職員とともに子どもの支援のため，東北各県の行政との支援連携体制構築を試みた。当然のことながら，発災から 2 週間ほどの時点で，被災地の行政職員は自らが被災している上に，緊急で膨大な仕事を前に圧倒された状態にあった。しかし驚くべきことに，そのような状況の中で最も対応に追われ，職員の負担になっていたのは，多くの支援物資や支援をしたいという人の善意の要請への対応であった。こうした事態によって地域の回復力が損なわれてしまう状況を改善すべく，また支援が役立つものとして活用されるために，支援団体間で協力して連携する必要があった。

　たとえば，筆者も立ち上げに関わった宮城県での連携調整会議「宮城子どもの心のケア会議」は，子どもの支援活動をしているNGO，子どもや子育て支援に関わっている地域のNPOや専門家，県行政の子どもに関係した担当課の職員により，毎週1回，3時間ほど，県庁にて行われた。開催の目的は被災者，特に子どもたちの心理社会的支援を実施するにあたって，宮城県の復興支援計画実施と具体化を援助すべくNGOおよびNPO等の関係各機関の連絡調整を図ることであり，心理社会的支援のガイドライン（IASC）をわかりやすく書き直した上で県内の支援団体に配布，ガイドラインに沿った良いモデル事業の推進を促した。またその設置要綱に害となるおそれのある支援活動を予防することは，団体の活動の制限や，特定の団体の利益のためではないことが明記されている。

　毎回の会合では，それぞれの団体の支援活動の内容報告，どこにどういう物資・人的・技術支援ニーズがあるかについての共有，そのほか必要な情報を共有しながら，今現在どのような支援がどこで必要かについて，ある程度の合意を持った。初期には物資の支援の調整が中心で，同時に子どもにやさしい空間（詳細は後述）の開設状況，避難所での親子への支援プログラム，そして時間の経過とともに，専門的な研修や支援活動のニーズや提供状況などが報告され，まさにIASCの多層的な支援のプロセスが展開されていた。その時々に，支援マップを作って，支援の偏りや支援が行われていない箇所がないかどうか，地域の団体と統合的に支援を行えないかなどもチェックする機能を果たしていた。

　この定期的な連携会議は宮城県子ども支援会議という名前で現在も継続し，国際NGO団体から引き継がれた形のまま，地元のNPO等の団体や専門家と行政との間での連携調整会議として機能し続けている。そこには，IASCの地域参加の原則，地域の能力強化の原則が活きていたこ

とがわかる。

2016 年の熊本地震，2018 年の西日本豪雨災害などでも，支援団体や専門家が県の関係部署とともに連携会議を行うことは，人道的な支援を行う場では当たり前の光景になってきている。心理社会的ケアの基盤である物資や避難所開設支援などの初期の支援活動の段階から，そのような連携調整会議の場に心理専門職が継続的に参加することは，被災者のニーズをきめ細やかにとらえ，IASC ピラミッドのさらに上層である支援を必要な時に届ける機会を逃さないことにつながる。また，各団体の支援活動が心理的な害を与えることになっていないかなどの意見を求められることもある。他団体の活動へのそうした関わりや研修もまた支援者への支援として重要な役割であろう。

（2）子どもにやさしい空間（CFS）

「子どもにやさしい空間（Child Friendly Spaces：以下，CFS)」（UNICEF，2009；2013 日本語訳）もまた，IASC やスフィア，PFA に基づく災害支援が実現されるための有効な手法であり，子ども，家庭，地域の回復力を重視した心理社会的支援のスタンダードとして，ユニセフなど，子どもの支援に関わる多くの国際 NGO により行われてきた活動である。CFS は，IASC において子どもの支援のポイントとされている，人とのつながり，遊び，学びなどに代表されるような日常生活を取り戻すことを援助し，子どもの環境としての親や養育者を支える場ともなり，幅広い多層的な心理社会的支援を可能にするものである。その目的は，「災害などの緊急事態において，避難した先で子どもに安心・安全な場や子どもの遊びや学びなどの活動を提供することで，子どもの権利や回復力を尊重し，災害が与える子どもへのマイナスな影響をなるべく少なくしていくこと」とされ，設置運営は，子どもに関わる人であれば専門家

でなくても誰でもできるとされる。

　CFS の設置運営に関わる 6 つの原則をみると，①子どもにとって安心・安全な環境であること，②子どもを受け入れ，支える活動，場，人材から構成されていること，③地域の特性や文化，資源を尊重し活用したものであること，④地域の多様な人々（子ども含む）が参加し，共に作りあげていくこと，⑤多様な活動の提供，⑥公平に差別なく誰でも参加できること，とあり，IASC やスフィアなどの原則が反映されていることがわかる。CFS は，その効果が検証され，子どもに益となることが実証されている（World Vision international, 2015）が，ただ単に場所を提供し，そこに大人がいて，活動があるというだけでは CFS に効果はなく，活動の質や，大人と子どもとの関係の質，地域の状況に合ったものかどうか，子どもたちがその内容の選択に関われるかどうかが効果に反映されるとされている。また，これまでは幼い子どもたちへの活動の比重が高いことが多く，中高生の子どもたちにも参加しやすく効果的となる活動の工夫が課題として挙げられている。

　日本では，東日本大震災後の支援において，避難所や避難した先で，ユニセフをはじめとした国際 NGO による CFS が設置運営されただけでなく，実際には多くの地域の人によって CFS が開設される動きがあった。その後の熊本地震，西日本豪雨災害，北海道地震においても，地域による CFS の活動はさらに増加していると思われる。それだけ CFS は普及が進み，災害支援，避難所支援の一つの標準になってきているといえる。そうであればあるほど，効果研究が示している通り，その活動内容や大人による質の高い関係の提供がなおさら重要であり，そうした技術面の提言や研修などの支援者支援も心理専門職に求められる活動であろう。あるいは，取り立てて心理的ケアのためというわけでなく，スタッフの一人として，心理専門職が子どもと遊ぶなどの CFS 活動に参加し

ながら，ニーズがあるときに必要な専門的支援を行ったり，つないだりできることも有効である。

　あるCFSで，筆者は親子遊びを提供する支援を行っていたが，参加した母親の多くは，相談したい思いがあるが，予約をして悩みを相談するのはハードルが高く，遊ぶ場という気軽な場所であったことで専門家に話をしやすかった，と話した。そうした貴重な場を各地で作った地域の人々は，CFSの概念やIASCの原則を学んだわけではなかったが，ただ子どもや親の声に耳を傾けて真剣に向き合い，地域に必要なものを考えていたらこういう形になったと話す人が多かった。これは，地域の力を尊重することの重要性もさることながら，災害支援に限らず日常の臨床においても，心理専門職としての大切な姿勢を端的に表している言葉であり，肝に銘じておきたい。

　また，多くのCFSは，地域の大人の参加協力を呼びかけており，その結果，避難所の中で子どもが安心を感じられるだけでなく，子どもを見守る大人もまた，子どものために自分の力が使われているという有用感が生まれ，子どもにとっても大人にとっても回復の助けになったという話も現場で聞かれた。熊本地震のときには，ある団体がCFSを学校内の避難所で開設したとき，その学校の先生が協力を申し出，先生の参加協力によって，子どもにとって安心して参加しやすいCFSになった例もある。また，西日本豪雨災害のときには，教育委員会の依頼によりCFSが学校の避難所に作られたことで緊急派遣のスクールカウンセラーとの連携がかない，心理専門職が一緒に遊ぶ中で多くの子どもを見守ることができた。このように，地域の力を用いた，地域と支援者の連携によって適切な支援になることは明らかであるだろう。

　CFSは，避難所において必要となるだけではなく，被災した地域に残ることができず，県外や別の地域に避難することになった子どもと家族

にとってもまた重要な支援である。つまり，コミュニティが失われた中で，避難した人々の回復の阻害要因となる孤独感や無力感を緩和するために，安心感，つながり，自助などの自己効力感をもって回復力を促す心理・社会的支援として CFS が必要となる。子どもに限らず，大人を対象としたカフェや足湯などの憩う場を避難所や近隣で地域の人とともに開催する支援もまた，害を与えず，安心や人とのつながりを感じられる有効な心理社会的支援として多くの避難所でみられていた。

（3）未就学児童への支援：遊びと親子，支援者支援

　IASC などの支援原則に基づきつつ，心理専門職の知識をさらに活かした活動例として，筆者が関わった支援者支援を紹介する。これは，被災によるストレスが未就学児へ与える発達的影響の可能性に鑑み（NCTSN，2010），日本プレイセラピー協会と日本ユニセフ協会の連携協力によって行われた支援で，地域の人々のニーズ調査に基づいた支援活動の組み立てを地域行政とともに行う中で提供された。

　発災後 1 ヶ月ほど経ったとき，幼稚園・保育園・保育所の再開に向けてすでに動き出していた岩手県・宮城県沿岸部の先生から，「子どもたちがどのような反応をするのか，その反応にどう対応すればいいのかを知りたい。」というニーズがあり，「遊びを通した子どもの心のケア」研修（日本プレイセラピー協会，2012）を開始した。この研修活動は，IASC の基本原則に沿うよう工夫され，子どもの支援をする周りの大人たち（支援者）の「回復力」を促すこと，「遊び」を用いること，研修が「体験型」であることの 3 点を主に重視している。また，支援者である保育士や幼稚園教諭などを対象に，座学というよりも実際にロールプレイなどの体験を中心にし，子どもたちとの遊びを通した関わり方を実践的に学ぶものであった。

　まず，回復力を促すことについては，子どもの支援者に対し，子どもに起きうる反応が正常であることを伝え，日常的な遊びや関わりの中で子どもたちの多くが回復していくという情報を伝えたことに意義があった。参加した先生から，これまでの通常の保育や教育現場ですでに行われている馴染みある遊びなど活動の中に，子どもたちの安心と回復力を促進できるものがあることを知って安心したとの声が実際にあり，支援者自身に安心感と有用感を持つことを促したといえる（湯野ら，2012）。

　また，被災地での研修は，場所や時期によって参加者の心の状態やニーズが大きく異なることもまれではなかった。そのため，研修の最初にニーズを聞き，内容の取捨選択や時間配分の調整などの工夫をしたり，参加している先生の参加の様子を常にみて，どのような遊びをより取り入れる必要があるかなどを調整した。これは，支援者の押し付けではなく，被災者が必要とする支援をできるだけ受けられるようにするという人道的支援の原則に沿うためでもあった。

　IASC ガイドラインでは，災害などの緊急事態において，子どもの遊びを提供するようなプログラムの構築と実行が，親子の心理社会的支援として推奨されているため，研修では子どもの回復力を促す発達に沿った日常的な遊びを先生や保護者が提供できることを支援した。それは，適切な絆，養育，保護，刺激など，子どもの発達ニーズを適切に満たすと同時に，親子に安心した養育環境を与えることにもなった。

　災害後の研修が一方的な講義形式ではなく受講者が参加する形であること，つまりロールプレイやディスカッションなどによって，講義を受ける側と講義をする側の両者が参加し，その場で具体的なことを学び，すぐに活用できるものを提供することもまた IASC ガイドラインで重要とされる。平時であれば理解可能な内容であったとしても，被災ストレスの中，レクチャー形式の研修に集中し，言葉による内容を理解し記憶

し実践に結びつけることは大変困難である。実践的な遊びを体験型で行うことは，理解を助けるだけでなく，支援者である大人がリラックスし，息をつくことで，安心と安全を感じることにもなり，支援者の回復力を促すためにも重要であった。そうした研修の場は，地域のつながりを感じる場にもなりうるため，つながりを強化するような遊びを行うことによって，支援者の回復力を促すことにも寄与する。こうした支援者支援によって，子どもの安心・安全が支えられ，子どもの回復力を支えることにつながっていくのである。

　最後に，IASC や PFA において重要とされている，被災地支援を行う支援者の燃え尽きを防ぐためのセルフケアについて触れる。いずれのガイドラインにおいても，代償性トラウマ（代理受傷）の予防として，組織的にストレスを管理する方法，同僚同士で管理する方法，個人で管理する方法の 3 側面からの予防対策を講じることが提唱されており（WHO, 2011；International Federation of Red Cross and Red Crescent Societies, 2004；IASC, 2007），過労を予防し，休息をとることを推奨している。支援活動は，被災者のニーズに応えたいという支援者独特の感情があり，感情的・身体的に酷使しやすい仕事内容であるにも関わらず，少ない人数で仕事量が多くなりやすく休めないという特性がある。阪神・淡路大震災の際の支援活動において，最も重要であったことは支援者が燃え尽きないよう，支援者のケアを行ったことであるという記述もある（中井，2011）。日本プレイセラピー協会と日本ユニセフ協会の連携で行われた支援では，それぞれの側面からの燃え尽き予防対策を行えるよう具体的な方策をシステム化し，たとえば支援活動の前後に支援について自由に仲間同士で語ること，仲間同士で休暇の頻度や回数をチェックしあうことなどを実践した。

3. まとめ，今後の課題

　これまで述べてきたように，災害後の心理社会的支援を行うためには，人道的な心理社会的支援について推奨される基準や指針などについて理解し，個人や地域によって異なるニーズにきめ細やかに対応しながら，被災者の安全と尊厳，権利を守り，害を与えることのない形で，心理専門職の専門性を活かした貢献をすることが重要である。支援活動のキーワードは「信頼」である。地域と個人の持つ回復力や資源を信頼し尊重しながら，被災者とともに支援のあり方を考えることがまず何よりも求められる。信頼に基づく連携体制を作ることによって，支援者のひとりよがりでない最善の支援を，被災者が選択したり受けたりすることが可能となる。そうした信頼できる連携協力体制を持つことは，支援者が一人で抱え込み燃え尽きてしまうことの防止にもつながる。このような取り組みがあればこそ，災害支援そのものも信頼されるものになっていくであろう。

　被災地での支援というと非日常性が強調され，特別なことが要求される場面と思われがちであるが，これらのことは日常の心理専門職の援助の姿勢となんら変わりがない。むしろ，平時より大切にされるこうした信頼に基づく臨床活動の意識と実行の延長線上に災害支援活動があるのだともいえる。本章では詳しく触れなかったが，災害後の，時期に応じたニーズの変遷や，回復の阻害リスクを抱えた地域や人へのさらに専門的な支援のタイミングや内容などについて，平時から研修などで学ぶことはいざというときの備えになる。しかし，実際にはその時々の多様なニーズを，有機的な連携体制の中で心理社会的支援の全体像をとらえつつ，必要な技術を学びながら進めていく柔軟な姿勢こそが，今後の災害支援に求められる。

【参考文献】

Inter-Agency Standing Committee（IASC）（2007）IASC Guidelines on Mental Health and Psychosocial Support in Emergency Settings（日本語訳　災害・紛争等緊急時における精神保健・心理社会的支援に関する IASC ガイドライン）
https://www.ncnp.go.jp/pdf/mental_info_iasc.pdf

The Sphere Project（2011，2018）Humanitarian Charter and Minimum Standards in Humanitarian Response（日本語訳：スフィア・プロジェクト 2011 年版（2012））
https://www.refugee.or.jp/sphere/The_Sphere_Project_Handbook_2011_J.pdf

内閣府（2016）　避難所運営ガイドライン
(http://www.bousai.go.jp/taisaku/hinanjo/pdf/1604hinanjo_guideline.pdf)

Child Protection Working Group，（CPWG）（2012）Minimum Standards for Child Protection in Humanitarian Action.（日本語訳：子どもの保護ワーキンググループ（2012）人道行動における子どもの保護の最低基準）
http://www.savechildren.or.jp/news/publications/download/cpms.pdf

Inter-Agency Standing Committee（IASC）（2011）. Guidelines for Child Friendly Spaces in Emergencies.
https://www.unicef.org/protection/Child_Friendly_Spaces_Guidelines_for_Field_Testing.pdf

World Health Organization，War Trauma Foundation and World Vision International（著）（2011）　Psychological first aid：Guide for field workers.（日本語：（独）国立精神神経医療研究センター，ケア・宮城，公益財団法人プラン・ジャパン（2012）　心理的応急処置（サイコロジカル・ファーストエイド：PFA）フィールド・ガイド）
https://saigai-kokoro.ncnp.go.jp/pdf/who_pfa_guide.pdf

ミッチェル，J. T. & エヴァリー，G. S.（著）高橋祥友（訳）（2002）　緊急事態ストレス・PTSD 対応マニュアル—危機介入技法としてのディブリーフィング　金剛出版

National Child Traumatic Stress Network & National Center for PTSD（2006）Psychological First Aid：Field Operation Guide, 2nd Edition.（日本語訳：兵庫県こころのケアセンター（2009）サイコロジカル・ファーストエイド 実施の手引き　第

2版)

http://www.j-hits.org/psychological/pdf/pfa_complete.pdf#zoom=100

Hobfoll, S. E., (2007) Five essential elements of immediate and mid-term mass trauma intervention：empirical evidence. Psychiatry, 70 (4) 283-315

Save the Children (2013, 2016) 子どものための心理的応急処置 (PFA)

http://www.savechildren.or.jp/lp/pfa/

Unicef (2009) A Practical Guide for Developing Child Friendly Spaces.

https://www.unicef.org/protection/A_Practical_Guide_to_Developing_Child_Friendly_Spaces_-_UNICEF_(2).pdf

日本ユニセフ協会，国立精神・神経医療センター 精神保健研究所，災害時こころの情報支援センター (2013) 子どもにやさしい空間ガイドブック

https://www.unicef.or.jp/kinkyu/japan/pdf/cfs.pdf

World Vision international (2015). Evaluation of CFS：final research report：an inter-agency series of impact evaluations in humanitarian emergencies

https://www.wvi.org/disaster-management/publication/evaluation-child-friendly-spaces

Zero to Six Collaborative Group, National Child Traumatic Stress Network. (2010) *Early childhood trauma*. Los Angeles, CA & Durham, NC：National Center for Child Traumatic Stress

https://www.nctsn.org/sites/default/files/resources/early_childhood_trauma.pdf

日本プレイセラピー協会，日本ユニセフ協会，(2012) 遊びを通した子どもの心の安心サポート

https://www.unicef.or.jp/kinkyu/japan/2012_0319.htm

湯野ら (2012) 東日本大震災後の未就学児への心理的支援，第31回日本心理臨床学会ポスター発表

International Federation of Red Cross and Red Crescent Societies. (2004) Managing stress in the field

https://www.ifrc.org/Global/Publications/Health/managing-stress-en.pdf

中井久夫 (2011) 災害がほんとうに襲った時 みすず書房

【学習課題】

1．災害後の心理社会的支援の基本となる IASC ガイドラインとスフィア，PFA の考え方をまとめてみよう。
2．実際の支援例にある連携や子どもにやさしい空間などに，災害後の心理社会的支援の基本的な考え方がどのように応用されているかまとめてみよう。
3．自分の関心のある領域で災害支援が必要となった場合，どのような支援ニーズがあるか，調べたり考えたりしてまとめてみよう。

12 | 地域における心理専門職の役割

平野直己

《**目標＆ポイント**》 この章では，コミュニティとしての地域の人々のつながりを高めることを目指す，心理専門職としての実践について取り上げる。コミュニティの視点から行動や心を理解するあり方を検討したのちに，地域での実践例に基づいて心理専門職のはたらきと役割について紹介する。
《**キーワード**》 コミュニティとしての地域，リソース，居場所づくり，コミュニティ感覚，サードプレイス

1. コミュニティとしての地域

（1） はじめに

　たとえば，ある専門機関で適切な援助がなされて，回復や立ち直りのきっかけをつかんだ人が自分の生活の場である地域に帰っていったものの，ほどなく同じ症状や問題や困難を再発させて専門機関に戻ってきたという場面にいくどか遭遇した。その人の変化や回復，成長のスピードの速さに比べて，受け入れ先である地域の人々のその人に対する受け取り方や評価はなかなか変わらないのである。これに対して，地域に戻るには時期尚早ではないかとあれほど心配されていた人が，願ってもないタイミングでよき支援者と出会い，驚くほどの適応や回復をみせたという場面も同じくらい経験した。こうした違いはいったい何を意味しているのだろうか。

　これまでの章で，医療，教育，福祉，産業，司法などの領域で，心理専門職がどのような仕事や役割を果たしているのかということを紹介し

てきた。それぞれの専門機関や制度は，共通した目標を持っている。それは，不適応や苦境にある人が，地域社会の中で人々とともに生きていくことである。ところが，専門機関でどんなに手厚く熱心な支援をしたとしても，この目標を成し遂げることはほぼ不可能といえるほど困難であるというジレンマを持っている。なぜなら，彼らが戻っていく生活の場である地域が，彼らを受け入れていくことを通して，はじめてこの目標は達成へと向かうからである。近年，医療，教育，福祉，産業，司法などの領域において専門機関から地域コミュニティへの移行支援に力を入れ始めているのは，このようなジレンマを解決する取り組みといえる。

　一方，この地域というコミュニティは，今危機に瀕しているといわれる。都市化と過疎化に伴う地域格差の問題，高齢化と少子化の急激な進行，インターネットの普及に伴い地縁や血縁によらない，直接触れ合うことさえ必要としないコミュニティの急速な拡大，価値観やライフスタイルの多様化などを背景に，地域を同じくする人と人とのつながりや支え合いが希薄になっているというのである。しかしながら逆説的に，こうした危機意識が，積極的に地域の人たちの手で地域を支え，よりよくし，ともに育てていこうとする動きを引き起こしてきている。たとえばいくつかの地域では，子どもや高齢者を中心において，多世代が交流できる居場所を作り，地域全体で支え合うネットワークの拠点としてその場を機能させようとする動きもある。

　それでは，心の回復や成長にとって地域にはどんな力があるのだろうか，心理専門職がこの地域の力に資する活動をどのように展開してきているのか，地域において有効なユニークな支援のあり方にはどのようなものがあるのか，本章では，こうした問題について考えていく。

（2）コミュニティとしての地域

　まず，これまで自分がどんな人々の関わりの中で心を成長させてきたかをふりかえってみてほしい。あなたの周りには，何人もの大人や仲間がいたことだろう。これらの人たちとは，いつ，どこで，どんな形で出会い，自分の学びと育ちに，そして人生にどんな影響を与えただろうか。また，その人たちとはどんな形で別れただろうか，それとも今もどのような形で関わりを保っているのだろうか。

　こうしたさまざまな出会いや別れといった関わりあいの場になるのが，コミュニティである（平野，2019）。私たちはコミュニティの中で心を成長させてきているのである。その意味で，学校や職場，家庭は，それぞれの特徴と機能を持ったコミュニティと考えることができるのであり，いわゆるソーシャル・ネットワーク・サービス（SNS）やオンラインゲームの中の人間関係も，コミュニティとして機能しているととらえることができる。

　この章で中心に取り上げる“地域”も，家庭，学校，職場などのコミュニティを包み込む形で存在するより大きなコミュニティであり，私たちの日常生活を構成し，メンタルヘルスを支えるはたらきを持つ重要なコミュニティである。

（3）コミュニティの視点を持つことの意義
1）コミュニティという視点からの人間理解とアプローチ

　私たちは，地域というコミュニティの中でさまざまな人や施設，機関に囲まれて暮らしている。そして，その人や施設，機関の間や，地域の内外にあるコミュニティの間には有機的な結びつきを持つネットワークが形成されている。当然のことながら，個人にとってこれらのネットワークは調和して機能していることが望ましいが，ネットワークに不調和が

生じたり，その間で葛藤的・対立的であったりすることも決してまれで
はない。こうしたネットワークの不調和がその個人のメンタルヘルスに
とって有害にはたらくこともある。

　こうした視点は，次のような人間理解のあり方を提供する。

　まず，今生じている個人の苦悩や，周囲から否定的にとらえられる振
る舞いなどを，コミュニティの間に生じるネットワークの不調和という，
より広い文脈からとらえようとするあり方である。しばしば「学校や職
場の常識は社会の非常識」と言われるように，ある場所での振る舞いや
態度の良し悪しを判断する視点とは別に，その個人が生活する環境を広
く見渡すことで，善悪，優劣を超えたところで，その行動の持つ意味や
背景となる事情を検討する視点が得られる。

　また，その個人が示す苦悩や問題となる振る舞いについて，その個人
を取り囲むネットワークの葛藤や対立に対する緩衝的な役割を担ってい
る可能性を検討するあり方も，コミュニティの視点を持つことで得るこ
とができるものである。こうしたあり方は，その個人が示す苦悩や問題
となる振る舞いを，その人の内面や生物学的な特徴として理解するだけ
でなく，その個人も含むコミュニティ内の関係性の問題としてとらえる
視点を提供することになる。

　次の仮想事例で検討してみよう（平野，2019）。

　第 1 次産業の衰退による人口の流出と財政的な困窮という悪循環か
ら，小・中学校が 1 校ずつとなった町で，中学卒業生の約半数が通う唯
一の公立高校がある。校内の生徒たちの雰囲気は和やかで，欠席する生
徒も少なく，部活などの課外活動にも熱心に取り組んでいる。学級内で
対立的な場面はほとんど生じず，お互いのプライベートな部分には深く
立ち入ることのないように生活している。

　学校コミュニティの中だけで見れば，この高校の生徒たちは「明るく，

健気な子どもたち」ということになる。しかし，地域コミュニティにまで視野を広げるならば，彼らの「和やかさ」や「欠席しないこと」「対立が生じないように暮らしていること」などといった生徒指導上"問題のない行動"の背後には，学校以外に仲間と交流する場所のないことや，学校コミュニティからのドロップアウトがそのまま地域コミュニティでの孤立に直結することなどの要因もみえてくる。町外の高校に進学したいと思いながらも経済的な事情で断念した気持ちを抱える生徒や，家族を支えるために自分の将来の可能性を諦めている生徒もいるかもしれない。しかし，そうした自分の心の中にある不安や痛みを学校で表出することは，和やかな雰囲気にとってリスクが高いものとみなされているのかもしれない。

　この仮想事例が示すように，学校の中での振る舞いを，学校コミュニティの中だけでなく，地域コミュニティの文脈でもみてみることで異なる理解（仮説）が得られるのである。

2）リソースのアセスメント

　また，コミュニティの視点は，対象者の周りにその人を支える人や機関，施設，制度がどのように存在しているかを把握することの重要性を強調する。この「対象者を支える人や機関，施設，制度」はリソース（資源）と呼ばれる。その人のメンタルヘルスを支援する際には，その人自身のパーソナリティをはじめとした心の機能をアセスメントする視点とともに，その対象者を取り囲むリソースがどのようになっているかを検討し，不足しているリソースを発見すれば，そのリソースを地域の中から発掘するのである。

　さらに，コミュニティという視点に基づくと，心理専門職もその対象者と同じ地域というコミュニティに関与するメンバーの一人であり，人的リソースであるという認識に至るであろう。したがって，心理専門職

自身もコミュニティのメンバーとして日頃から地域と結びつきを持ち，相互理解に努め，有機的で発達・促進的な関係を創出するために何ができるかを検討することが大切であることがみえてくる。さらに，危機的な場面では，その個人への直接支援のみならず，地域内，あるいはその個人が属するさまざまなコミュニティとの関係を調整することも，支援の発想の中に入ってくることになるのである。

　コミュニティという視点のイメージを大きくつかんだところで，以下，具体的な実践例を挙げて，地域における心理専門職の活動のエッセンスを検討する。

2. 地域における心理専門職の活動：具体的な実践を通して

（1）居場所づくりの端緒

　心理専門職がこの地域の力に資する活動をどのように展開してきているかを知るために，筆者自身が実践してきた人口8万人ほどの町での居場所づくりを紹介したい（平野，2006）。

　筆者は，東京で子どもの心理療法，プレイセラピーの実践と訓練を経て，北海道の大学に勤めることになった。大学では地域住民対象の心理教育相談室を開設し，子どもへの心理療法とその子を支える保護者や教師のガイダンスを行っていた。

　心理専門職としての支援の目標の一つは，対象者が主体的に生きていくことを応援することである。プレイセラピーを通して，安全で安心な場所を提供すると，その子どもはこの空間を安全で安心な場所であると実感し，だんだんその子らしさをいろいろな形で表現するようになる。たとえば「ギターを弾けるようになりたい。」「写真を撮りたい。」「野球をやりたい。」などと言い始めるのである。こうした子どものチャレンジ

を，心理専門職として応援をするのが，プレイセラピストの役割でもある。そのおかげで，筆者もそれに応えようとギターを練習して弾けるようになったり，テレビに出てくるキャラクターの絵がかけるようになったりした。ある時，一人の女の子がセラピーで回復していく過程の中で，「ヒップホップを踊りたい。」と筆者に打ち明けた。当時筆者はヒップホップとはそもそも何かさえ知らなかったため，地域の青年会議所の人たちにヒップホップをこの地域で踊れる人はいないかと尋ねたところ，「それだったらどこどこに教室があるよ」と紹介してくれた。そしてその子はその教室に熱心に通い，そこで出会った仲間と意気投合して遊ぶほどになっていった。筆者だけではできることは少ないけれども，こうして地域を見回すと応援してくれる人が意外といることに気づいたのが，居場所づくりのきっかけであった。

　子どもの心理療法をはじめとする心理支援は，子どもの思いを形にしていくことだということができる。そして，人口8万人ほどの小さな町にも，子どもを応援してくれる人がいる。地域に応援してもらえると，子どもはその地域を愛するし，ここで生きていこうという気持ちになっていくだろう。

　さらに考えていくと，思いを形にするという発想は，子どもだけではなく大人にも求められているものではないだろうか。これまでは心理療法ということで面接室にとどまっていたが，北海道のこの地域にはまだ心理療法やカウンセリングを支え，受け入れる文化が育っているとはいいがたく，むしろ地域のネットワークがしっかりとしており，この強いネットワークに支えられている面が多くある。都市部とは異なるネットワークの強みをメンタルヘルスのためにうまく活用することはできないだろうか。そこで，地域の人たちと一緒に勤務先の大学近くに一軒家を借りて，自由な交流の場であるフリースペースを作ることにしたのであ

る。

（2）フリースペースが目指す 2 つの課題

　このフリースペースを始めるにあたり，2 つの機能を設定することを
課題とした。第一の課題は，その人たちが主体的に動いてみる，言って
みる，やってみる気持ちになれる雰囲気づくりの機能である。これをセ
キュアベース機能と名づけた。つまり，主体的に表現しやすい場を目指
すのである。

　これだけでは思いを表すことはできても，「形にする」ことがうまくい
くとは限らない。そこでもう一つの課題としたのは「言ってみたい，やっ
てみたい気持ち」を応援する機能である。これをポテンシャルスペース
機能と名づけた。主体的な思いに応答して，応援する懐の深さをどう作
るかという意味である。「言ってみたい，やってみたい」に応援してくれ
る地域のリソースをどう発見し発掘するかが課題となるのである。

（3）フリースペース・ユリーカ

　2001 年 4 月に民家を改装し，「ユリーカ」と命名したフリースペース
がスタートした。開室時間は月曜から金曜の 10 時から 15 時。主宰であ
る筆者は大学教員としてはたらいているので，部屋を管理してくれる人
（主（ヌシ））を募り，交代制で開室した。少しずつ不登校状態にある子
どもとその家族が集まり始め，この場所に来ていることを学校や教育委
員会に認めてほしいという声を受けて，その町と北海道の教育委員会と
話し合い，フリースクールとして認められることになった。

　主（ヌシ）としてボランティアスタッフになった人は，私の勤務する
大学の学生や大学院生，主婦，おじいさん・おばあさん世代の方のほか，
生命保険の外交員や会社の経営者も協力してくれた。また，就職先でつ

まずき医療機関などで治療を受けて回復したものの，社会に向けて再チャレンジする一歩手前で戸惑っている若者もこの場所を利用するようになり，その中から主（ヌシ）として協力する人も出た。

フリースクール部門の活動としては，基本的に，毎日一緒に大皿料理を作って，お昼ご飯を一緒に食べることだけが決まっていた。あとは，そのときの主（ヌシ）や来室する子どもの得意とすることや趣味を活かして，さまざまなイベントを企画した。学習支援は，本人が希望すれば行うこととした。とは言っても，ある子どもが英語の勉強をしていると，70歳のおばあさんが寄り添ってサポートするけれども，いつの間にか子どものほうが教師役になっておばあさんが教わっているというように，学校教育のスタイルとはかなり異なるものであった。

次に生まれた部門は，月1回金曜日の夜に，食べ物や飲み物を持ち寄りで開催される「語らいの集い」という懇親会である。毎回，地域でユニークな活動をしている人たちをゲストに招き，講話をしてもらうことで，「ユリーカ」のサポーターの輪を広げていった。これはポテンシャルスペース機能を作る上で効果的であった。金曜日の夜なので，子どもも家族も参加ができた。学生や学校の教員のほかに，農家の経営者，ラーメン店主や，建築会社や印刷会社の社員，この町の長など，実に多様な人が参加しユリーカの活動のポテンシャリティを高めてくれた。

3. 地域における心理専門職の役割

前節で紹介したフリースペースづくりによる地域での実践活動から生まれた具体例をもとに，地域における心理専門職の役割と，その活動の背景にあるコミュニティアプローチの概念を紹介する。

（1）「お互いさま」のサポートを用いる

　たとえば，ユリーカで主（ヌシ）の役割を受け持っていた母親 A さんがいた。A さんには長期の引きこもり状態にある子どもがおり，A さんはこれまでさまざまな相談機関で子どもに関する相談を受けてきたが，どこでも「過保護」であると指摘をされ続け，そのたびに反省しつつもどこか傷ついていたという。確かに筆者の目から見ても，A さんには少々干渉的なところがあるように思われた。しかし，自分の子どもにするのと同様にユリーカにいる子どもたちに細やかな気配りをする A さんを，子どもたちは「うちのお母さんになってほしいくらい。」と喜んで受け入れるのである。

　地域での実践の中では，こうした互恵的な場面に何度も遭遇する。筆者は，このインターディペンデント（相互依存的）な支援のあり方を「お互いさまの支援」と呼んでいる。この支援の特徴は，支援をする側とされる側という境界がわからなくなる点にある。つまり，サポートをしている人も，そこで救われているのである。

　中井（1982）は，「治療は，どんな治療でもどこか患者を弱くする。不平等な対人関係はどうしてもそうなるのだ。」と述べ，医師と患者の間に生まれる治療関係の非対称性を指摘するとともに，こうした関係の援助を必要最小限にとどめることを実践上不可欠な課題であると説いた。心理専門職が展開する援助においても，まったく同じ課題を抱えるといってよいだろう。

　地域コミュニティでの実践では，支援を提供する側と支援を受ける側は交代可能で，「お互いさま」のものにすることが可能である。心理療法では，心理専門職とクライエントのあいだの不平等な関係は交代できないが，不平等を最小限にとどめる工夫や，この不平等な関係を認めた上でそれを活かしていく工夫が求められる。地域コミュニティでは，不平

等を最小限にする方法のほかに，支援する側に回ることでその人を強くするという発想も実現可能なのである。

多くの人は，誰かのために役立つ存在になりたい，誰かに感謝される存在になりたいと願っている。そして，そうした役立つ存在と認めてくれる眼差しを他者から受けることが，支援を提供した人を力づけるのである。つまり，「人は援助をすることで最も援助を受ける」のである。このような考え方は，コミュニティアプローチではヘルパーセラピー原則と呼ばれる。

（2）支援の輪を作る：円環的・循環的支援

ユリーカには，子どもだけではなく，保護者も自発的に集まりおしゃべりを楽しむグループが自然発生していた。ある日，「親の心理」が話題になり，参加した大人たちで実感を持って共有された。それは，「どうして親になると，自分の子どもの"良いところ"よりも"足りないところ"や"改善が必要なところ"ばかり探してしまうのだろう。他の子どもについては反対に，長所や良いところを見つけてほめてあげられるのに。」ということであった。足りないところの指摘がエスカレートすれば，その子どもは否定的な自分の性質ばかりが映し返されることに対して反応するだろうし，その保護者も子どもについて不安や心配ばかりが募るというわけである。そこで，自分の子どもを自分がみるのではなく，自分の子どもをとなりの大人にみてもらってはどうだろう，ということになった。これを「となりの子どもをかわいがろう」運動と名づけることとした。

心理的な援助は，しばしば対象者の苦悩や問題を，支援者と対象者の2者関係の中で解決しようとしたり，あるいはさまざまな専門家や機関，制度が連携して対象者を支えたりする形で計画される。これに対して，

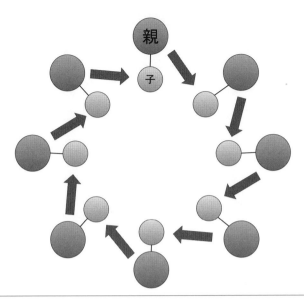

図 12-1　ナナメの関係の円環「となりの子どもをかわいがろう」運動

地域コミュニティにおける支援は，空間的にはリレーのように人から人へと波及する性質を持ち，時間的には世代から世代へと引き継がれていくという面がある。したがって，地域での実践は，この波及性と世代伝達性を生かした，円環的で循環的なシステム作りを意識した実践を発想することが重要である。

　先に述べた，支援を提供する側とされる側との交代可能性は円環的な支援のシンプルな例になるであろう。また，「となりの子どもをかわいがろう」運動は，親子に生じやすい利害・権力関係（タテの関係）や，同胞内での競争・同調関係（ヨコの関係）に対して，第三者であることによって利害・権力関係および競争・同調関係に比較的巻き込まれにくい第三者とのナナメの関係を活かした支援の輪の例である（**図 12-1**）。

（3）地域に対する「コミュニティ感覚」を育む

　「語らいの集い」に，高校を中退し，駅前に座り込み喫煙をしながら通行人たちを威圧する無職の若者たちを招待した。彼らが集いの参加者の前で自己紹介をした後で，スタッフは参加者に向かって「この子たちは，ほぼ毎日駅前にいてタバコを吸っています。もし今度みなさんが駅前でこの子たちと会ったら，『ユリーカに来ていたよね！　タバコは体に悪いよ！』と声をかけてあげてください。（この若者たちの方に向いて）ねっ，いいよね。」と伝えた。若者たちはニヤニヤしながら，「よろしくお願いします！」と頭を下げた。次の日から，その若者たちはこれまで以上に駅前をうろつくようになった。しかし，それは威圧するというよりも，駅に向かって歩く人たちの中から声をかけてくれる人を探しているようであった。実際，「語らいの集い」に参加していた人たちが彼らを認める前に自分たちの方からあいさつをするくらいであった。ある日，ユリーカを知る商店主が通りがかり，「駅前でくさっているくらいならば，俺のところの仕事を手伝わないか？」と声をかけてくれて彼らはアルバイトを始めることになった。

　この事例は，地域での居場所づくり活動が，タバコをやめたり，駅前でうろうろしたりすることなどの行動変容をもたらすことはできなくても，この若者たちの中に「この町に対するポジティブな期待」を芽生えさせるきっかけとなったことを示している。

　「地域コミュニティに対するポジティブな期待」は，「コミュニティ感覚（sense of community）」の中核的な要素である。コミュニティ感覚は，さまざまに定義される曖昧な概念であるが，メンバーが持つ所属感，メンバー同士あるいは集団に対する重要性の感覚，集団に関与することにより何らかのニーズが満たされるという思いなどからなるものである。この感覚を高めることは，地域での心理専門職による実践の目標の1つ

となるものである。

（4）職場や学校，家庭でもない時空間：サードプレイス

　ユリーカでの活動が町の教育委員会にフリースクールとして認められるようになると，徐々に地域の学校にもその存在が知られはじめた。ある学校では，校長のはからいで通知表の出欠日数欄に「出席○日，欠席○日，ユリーカ○日」と書いてくれるようになった。こうした動きに呼応するかのように，ユリーカにやってくる多くの子どもの登校日数が増えていった。学校に行く，行かないという二分法的な考え方から，「学校で勉強して，疲れたらユリーカで休む」ような柔軟なものになっていったからである。

　せっかく学校に行っていないのだから，自由にのびのびと生活できればいいのであるが，不登校の状態になると「学校」が余計に印象づけられてしまうものである。心の中に印象づけられた学校があるということは，時間的には放課後や週末，長期休暇期間になるとホッとしていることで確認できるし，また空間的には学区域の外や別の町まで出かければその子らしいパフォーマンスができることで確認できる。したがって，家を出て学校に行くことだけでなく，地域に出ることもまた難しくなり，地域での社会生活が縮小するという悪循環にどう手当てをするかが，不登校の子どもへの支援の大切なポイントの1つといえる。

　この不登校状態にある子どもに生じる悪循環を，家庭と学校，地域というそれぞれのコミュニティの観点からみれば，もともと子どもの生活空間は「家」と「学校」と「学校でも家でもないもの」からできているということがわかる。この「学校でも家でもない」時間と空間こそ，「地域コミュニティ」に属するものであり，この学校と家のどちらでもない中間的な場所が失われてしまうところにも，不登校の苦しみが生じてい

るとみることができるのである。

　ところで，この「家でも学校でもない場所」としての地域の役割は，サードプレイスという概念で取り上げられている。これは都市社会学者であるオルデンバーグ（Oldenburg, R.）が提唱した概念で，「家庭と仕事の領域を超えた個々人の，定期的で自発的でインフォーマルな，お楽しみの集いのために場を提供する，さまざまな公共の場所の総称」（オルデンバーグ，1989）を意味する。家庭（第一の場）でも職場・学校（第二の場）でもない第三のインフォーマルな人と人との関わりの場である。オルデンバーグが挙げたサードプレイスの特徴は，次のようにまとめることができる。まず，勉強や仕事ができるとかできないとか，どんな家庭の出身かなどといった職場や学校，家庭の価値観を超え，時に年齢や立場からも離れることができる“中立”な場所であること，次に，義務ではなく気軽に行くことができる“敷居の低さ”と“行きたいときに行けること”，そこでは“遊びと雑談”で人と人とがつながり，自分が必要とされない場所という“アウェー感覚”の反対，つまり自分の場所という“ホーム感覚”があることなどである。フォーマルな関係を離れて，気軽に交流できる人間関係が構築できるサードプレイスとして機能する場所が地域にあることが，私たちのメンタルヘルスにとって重要なのである。

　都市社会学的な視点でみれば，こうしたサードプレイスとして，カフェや居酒屋，母親たちの井戸端会議などが挙げられるが，ユリーカのような場所が学校に通うことに不安を抱える子どもにとってのサードプレイスになっているとはいえないだろうか。

　「不登校・引きこもりから再登校や職場復帰へ」というように，直線的に家庭と職場・学校を結びつけた支援をすることは，むしろ悪循環が起こりやすいと考えられる。心理専門職がサードプレイスの回復という観

点を持つとするならば，地域コミュニティの中で対象者がリラックスしたり遊んだりできる時間と空間の回復を経由する発想が生まれてくるだろう。たとえば，ユリーカのように，不登校や引きこもりなどの支援施設では，不登校や引きこもりを楽観的にとらえて，対象者が地域コミュニティの中で萎縮することなく，遊べるようになることを積極的に促す場を提供する活動を実施していることが少なくない。これは決して学校教育などと対立しようとしているのではなく，学校や家庭の間を再び安心して行き来するための取り組みとみることもできるのである。

4. まとめ

　地域の力になる心理専門職のはたらきと役割について，居場所づくりの試みを具体例にして解説してきた。

　地域の実践活動が目指すことは，人と人とのネットワークづくりである。コミュニティのメンバである地域の人々と関わり合いながら，協力し合いながら進めていくアイデアを発想することが実践の醍醐味といえる。その発想のヒントは，心理専門職としての学びの中にたくさん存在することを強調しておきたい。

　最後に，地域実践に求められる人とは，地域の人たちを「私たちもその実践に参画したい」という気持ちにさせる「巻き込む力」を持った人たちである。人間的に魅力を持っている人はそれを活かせばよいだろう。しかし，実のところ活かすべきは自分の不完全なところ，不器用な面だと筆者は考える。なぜなら，不完全なところや不器用なところは，地域の人々の協力を生み出すからである。自分の弱さが「巻き込む力」になるのであり，不完全さや不器用さを補い合うことで生まれるネットワークこそ地域の強みと力になっていくのである。

【参考文献】

平野直己（2019）学校と地域—コミュニティという視点から　武田信子編『教育相談』（『未来の教育を創る教職教養指針』第11巻）学文社

中井久夫（1982）精神科治療の覚書，日本評論社

平野直己（2006）地域と大学のポテンシャリティを活かす実践活動　中田行重・串崎真志編『地域実践心理学・実践編』ナカニシヤ出版

オルデンバーグ，R. 著，忠平美幸訳（1989/2013）『サードプレイス：コミュニティの核になる「とびきり居心地のよい場所」』　みすず書房

【学習課題】

1. 自分のメンタルヘルスを支える「リソース」となる人・場所・物・制度などを挙げてみよう。

2. 自分の生活空間の中で，サードプレイスとなる場所はあるだろうか。それはどんな心持ちにさせてくれるところだろうか，考えてみよう。

3. 自分が暮らす地域の中で実感するメンタルヘルス上の課題にはどんなものがあるだろうか。その解決に向けてどんなコミュニティでの取り組みが考えられるか検討してみよう。

13 | 心理専門職に求められる実践の基本姿勢

吉川眞理

《**目標&ポイント**》 心理専門職の実践の基本姿勢として，本章では，支援を求める人の安全を優先しながら，その人の立場を中心に考えることを取り上げたい。心理職は，多職種との連携業務において支援を受ける人の安全を優先する姿勢を共有して活動する。心理専門職単独の領域においても，その安全を守るための最大限の努力が求められるのはもちろんである。本章では，支援を受ける人に対して害をなさないために，どのような実践の基本姿勢が求められるかについて論じる。それは支援を受ける人の立場を中心に考える姿勢でもある。また，もう一つの実践の基本姿勢として，情報の適切な取り扱いについても触れる。
《**キーワード**》 安全の優先，支援の対象者の立場を中心に考えること，情報の適切な扱い

1. 実践のための基本姿勢について

　村本（1998）は，心理専門職の倫理とは，心理臨床家として実践を行う際の指針となる倫理であり，実践される倫理であるとし，専門職の倫理には専門職の違いを超えた共通性がみられると述べている。そのような実践的な職業倫理の枠組みとして，金沢（2006）は，レドリックとポウプ（Redlich and Pope, 1980）が，異業種である心理士と精神科医のための倫理ガイドラインを統合し実践に適用しやすくした「職業倫理諸原則の7原則」を紹介している。ここでは，レドリックとポウプの原文よ

り，「7原則」を以下の通りに訳出した。

① 何よりもまず，害をなさないこと

② 自身が対応できる職能範囲を知り，その範囲内で実践すること

③ 自己目的のために相手を利用しないこと

④ 一人の人間としての尊厳を大切にしながら相手と関わること

⑤ 信頼のもとで語られた内容の秘密を厳守すること

⑥ 原則として，インフォームド・コンセントを得て活動すること

⑦ 可能な限り社会的公平と正義に沿うように実践を行うこと

本章においても，この7原則の枠組みにそって，実践の基本姿勢を論じていく。

2. 支援を受ける人の安全の優先

支援を受ける人の生命の安全については，心理専門職が単独で守り抜くことが難しい状況もしばしばある。この状況は，7原則のうちの②「自身が対応できる職能範囲を知り，その範囲内で実践を行うこと」に関わっており，状況に応じてチームでの支援や専門機関につなげる判断が求められる。特に医療受診の必要性については，本人が納得できるように丁寧に説明する必要性がある。どのような場合にチームとしての支援，専門機関との連携，医療施設の受診が必要なのかについて判断するためには，心理専門職としてのアセスメント力や，医学的知識，法律的知識が必要となる。また，専門機関や医療機関につなげることを本人に説明する際に，その人が見捨てられたと感じることがないように，しっかりと説明する必要がある。医療機関につなげる際には，そのように判断するに至った経緯について情報提供書にまとめて，可能な限り本人の同意を得て紹介先に届けるようにする。しかし支援を受ける人自身はまだ会っていない医師に対する詳細な情報提供を拒むこともある。そのような場

合は，説得を試みるが，それが難しい場合には，本人の安全を優先させ
るために守秘の例外の適用も考慮する必要がある。守秘の例外としては，
①支援を受ける人やその周辺の人を危害から守るため，②スーパーヴィ
ジョン等，適切な心理的支援を提供するために他の専門家から助言や指
導を受けるため，という理由が挙げられるが，これに関しても心理専門
業務の契約の際に，あらかじめしっかりと説明し，同意を得るインフォー
ムド・コンセントの手続きが望まれる。

3. 心理専門職として害をなさないこと

　7原則の最初の5項目は，「ヒポクラテスの誓い」にすでに言及されて
いる古典的な内容である。ヒポクラテスは紀元前4世紀の医学の父であ
り，その精神は現代の医学教育に伝承されている。①の「害をなさない
こと」において言及されている「害」について考えてみよう。

　そこには専門職の技能が有効であるとき，その反面，害をも及ぼしう
る可能性が示唆されている。狭義には，唐突に終結を提案してクライエ
ントを動揺させること，また終結によって見捨てられたと感じさせるこ
と，心理業務外でクライエントと不適切に交際すること，終結を遅らせ
ることによって必要以上にクライエントを依存させることなどが挙げら
れる。広義には，専門業務上の過誤も含まれる。過誤とは，専門業務を
行うにあたって当然必要とされる注意を怠ったため，支援を受ける人に
損害を与えることを指す。専門知識の不足，専門技能の未熟，不適切な
技法の適用などが原因となる。損害を予期することが難しい場合は事故
と見なされるが，予期できるにもかかわらず，必要な対応を怠ることは，
害とみなされる。それは，支援を受ける人の安全に関わる事項となる。

　支援を受ける人の安全を守るためには，心理専門職は，第一に，専門
知識，専門技能の習熟に努める姿勢が求められる。同時に，その時点に

おける自身の専門知識や技能の限界について自覚しておくことも求められるのである。それは②「自身が対応できる職能範囲を知り，その範囲内で実践すること」と述べられるとおりである。自分で対応できる範囲の限界に直面した場合に，チームによる支援として，職場内の同僚や先輩，他職種のスタッフと情報を共有し，相談しながら支援を行うとともに，折々の必要に応じてチームのリーダー（主治医，管理職）の指示を受ける基本姿勢が求められる。また，自分自身の知識や技能で対応することが難しいと認識された事例について記録をまとめ，スーパーヴィジョンを受けることも推奨される。

　以上より，心理専門職の実践においては，支援を受ける人の安全に関わる重要な局面をそれと認識できるアセスメント力，有効な技法を選択できる判断力が心理専門業務の第一段階となる。第二段階として，多職種やチーム内での連携の体制を設定することが求められる。このような段階をふまえて，ようやく支援を受ける人の安全を守る心理専門業務を遂行することが可能になるのである。

4. 支援を受ける人の立場を中心に考えること

（1）多重関係の禁止

　レドリックとポウプの7原則の③「自己目的のために相手を利用しないこと」を徹底することで，心理専門業務の場面において支援を受ける人の立場を中心に考えることが可能になる。

　まず，心理専門職が支援を受ける人とその業務外の場で関係を持つことは，心理専門職が支援を受ける人に対して2つ以上の役割を同時に引き受けることになり，多重関係と呼ばれている。心理専門職の実践の基本姿勢として，この多重関係は多くの倫理コードにおいて禁止されている。公認心理師に関しては，その倫理綱領の発表を待ちたいが，日本臨

床心理士資格認定協会による臨床心理士倫理綱領（2009）では「＜援助・介入技法＞第5条　臨床業務は自らの専門的能力の範囲内でこれを行い，つねに来談者が最善の専門的援助を受けられるように努める必要がある。臨床心理士は自らの影響力や私的欲求をつねに自覚し，来談者の信頼感や依存心を不当に利用しないように留意しなければならない。その臨床業務は職業的関係のなかでのみこれを行い，来談者又は関係者との間に私的関係をもってはならない。」と記述され，日本臨床心理士会倫理綱領では，第3条において「会員は，原則として，対象者との間で，『対象者-専門家』という専門的契約関係以外の関係を持ってはならない。」と記述されているとおりである。

　その理由は，2つ以上の役割を同時に引き受けることで，心理専門職と支援を受ける人との間の境界や，心理専門職として機能するために必要なより良い距離が守られない状況が引き起こされるからである。そのような状況の例として，さまざまな役割の混交があげられる。1例として，友人とカウンセラーの役割の混交を避けるために，友人，あるいはその身内のカウンセラーを引き受けることは禁じられており，クライエントと友人として付き合うこともしてはならない。カウンセラーでありながら，その人のビジネスの顧客になること，クライエントの結婚式に出席すること，クライエントからの贈り物を受け取ることも，原則として禁じられている。そのような行為は，心理専門的な境界や距離をおびやかし，心理専門職としての機能を妨げると考えられている。具体的な例として，ここでカウンセラーがクライエントの営むレストランで食事をする状況を考えてみよう。それはクライエントにとってどのような体験となるだろうか。たとえクライエント自身が誘ったにせよ，それは心理面接室で出会っている人が，突然日常場面に侵入してくる体験になる。そのため，クライエントとカウンセラーの関係の質が変化することにな

る。お互いの間で距離感や信頼感が混乱して，心理専門業務の質を低下させるのである。クライエントと心理専門職としての関係が，心理職の私的生活において利用されているとも見なされるだろう。もし，その店での特別なサービスが期待されるならば，心理職はクライエントを，文字通り利己的に利用することになる。このような多重関係は，たとえ些細なことであっても，心理専門業務の質を保つために避けなければならないと考えられる。まず初心者は，この原則が持つ意味をしっかりと理解することが肝要である。そして，次の段階においては，倫理を教条としてとらえ原則をただ守ってさえいればよいというわけにいかなくなる。そこでは心理職の実践の基本姿勢が持つ逆説性についても考えておかなければならない。

（２）クライエントとの親密な関係について

　とりわけ，心理職がクライエントと性的に関わることや親密な関係になることは強く禁じられている。たとえ両者の合意があっても，心理職が職務上の関係を恋愛関係に移行させることでその職業的支援者を利用したと見なされるのである。

　事例の形で紹介してみよう。

　《終結時に心理的支援者が交際を申し込まれた事例》

　30代の女性のAさんは，職場での人間関係トラブルから抑うつが強くなり職場を欠勤するようになった。主治医からは抑うつ状態という診断書が出て，継続的な心理面接に通うようになった。心理支援を担当したのは40代の男性で，Aさんの語りに静かに耳を傾けてくれた。Aさんは，面接の場面で安心して自分の気持ちを語ることができ，担当者はその気持ちを静かに受けとめてくれ，話すたびにもやもやしていた感情の霧が晴れ，本来の自分を取り戻すことができた。職場にも復帰するこ

とができ，面接の終結を迎えることになった。A さんは，最終回にお礼を伝えようと語り始めたものの，毎日担当者のことが頭を離れないこと，これからはクライエントではなく，一人の女性として会ってほしいという気持ちを伝えずにはいられなかった。実は担当者も，A さんに強く惹かれている自分の気持ちに気づいていた。担当者は，そのような自分の気持ちを率直に伝えたい誘惑にかられたものの，何とか踏みとどまって A さんに次のように伝えた。「自分たちは心理的支援の場において出会ってきたため，A さんが担当者である私にそのような気持ちを抱くようになることもごく自然のことだと思います。A さんが慕ってくれているのは，心理的支援の担当者としての私であり，ただの人間である私ではないかもしれません。これから 2 年間会わずにいてもあなたの気持ちが変わらないのであれば，個人的なお付き合いを始めましょう。」それを聞いた A さんは，2 年間会わないでいるという担当者の提案は，自分と別れるための策ではないのかと抗議したが，彼の「自分も 2 年間かけて，あなたに対する気持ちを確かめていきたい。」という言葉に希望を見出して，その申し出を受けることにした。

　本事例にもみられるように，心理面接では，その人の立場を中心に，しっかりと話を聴いてもらい，その気持ちが肯定される。そのような経験は，日常生活の対人関係ではなかなか持つことができない。また，心理専門職はクライエントの存在そのものを尊重して，クライエントの語りに耳を傾ける。その尊重の姿勢を自分に対する深い愛情と受けとめたクライエントは，そのような担当者に対して，幼い頃，自分自身に愛情を注いでくれた（あるいは，注いでほしいと期待していた）親に対する感情を向けがちである。そのような感情が，異性間の恋愛感情として体験されることも起こりがちなことである。

（3）心理専門業務において生じる転移・逆転移の現象

　精神分析学を創始したフロイト（Freud, S. 1856-1939）は，この現象を転移と呼んだ。心理的面接においては，クライエントに転移が出現するように心理専門職の側にもこれに反応した感情が生じやすい。これは逆転移と呼ばれており，転移と同様に，ごく自然に生じる現象と考えられる。

　精神分析的アプローチにおいては，クライエントが心理専門職である担当者に向けられる転移について，両者の間で話し合う過程を重視している。転移を通して，クライエントは両親との関係を担当者との間で再現することができる。心理面接では，その感情体験について話し合い，意識化することで，つまり，その感情を自分自身の感情として認識しつつ，しっかり体験することを通してその感情を自分自身の一部として統合することを目指すのである。そのために，まず心理専門職がクライエントとの人間関係において生じる自分の感情と向き合って，しっかり認識することが求められる。そして，このような逆転移を，クライエントと自分とのあいだにどのような感情の動きが生じているのかを知る大切な手がかりとして，活用していくのである。しかし，心理専門職がその感情に流されて行動化することは固く禁じられている。

　また，心理専門職がクライエントに魅力を感じることもしばしば起こりうる。このような場合，心理専門職はその感情そのものを認めまいとしがちであるが，むしろそれを自身で認めることが重要である。認めた上で，しかし，相手にそれを伝えることなくその感情に流されず，時間や接触の距離についての境界設定を明確にする努力が求められる。具体的には，そのような感情について，同僚に話して客観化を試みることや，スーパーヴィジョンを受けることで心理専門業務に対する破壊的影響を阻止することが求められるのである。

　そのような努力にもかかわらず，クライエントに魅力を感じることで，心理的支援の場面においてクライエントとの間に起こっていることを認識する客観性が損なわれていることを自覚した場合は，心理専門職としての関わりを終結すべきと考えられている。また，心理専門的な関わりを終結しても，すぐに親密な関係を持つことは禁じられている。たとえば，米国の心理専門職の倫理コードでは，専門職としての関係を終結してから2年間，性的な関係を持つことが禁止されている。それは，心理専門職とクライエントの関係において力の不均衡があるために，両者の性的な関係は，専門家がその権力をもってクライエントを搾取したと見なされるからである。

（4）心理専門職側が自らの逆転移に気づいておくこと

　日常生活では，自分の視点に立って世界をとらえている。しかし，心理専門職は，常に支援を受ける人の立場を中心に考える，つまり支援を受ける人の視点にも意識を向けることが求められる。そのため，心理専門職は，自分の視点を絶対化してはならない。まず自分自身の視点のバイアスや，それを引き起こす自分の心の内面の感情の動き，すなわち心理専門業務の場面で生じやすい逆転移について認識しておくことを求められる。

　たとえば，心理専門職として支援を受ける人と関わる際に，次のようなことが起こるとき，心理専門職は自身の逆転移を認識しておく必要があるだろう。以下に挙げる6つの傾向は，心理専門職の逆転移として理解することができる（コウリー，2004）。こうした傾向が自分にあることに気づいたときは，その背景にある自己の内面について洞察を深めるきっかけとして活用する姿勢が重要である。
①クライエントの評価を甘くして，彼らが苦しみや不安を経験せずに済

むように保護しようとする

☞どのようなクライエントに，そうしがちであるのか考えてみる必要がある。カウンセリングにおいて，その葛藤に取り組むことをカウンセラー自身が避けている可能性があり，そのため，クライエントが自分自身の葛藤と取り組む努力を妨げてしまうおそれがある。

②クライエントに親切にふるまう

☞心理的支援者が怒りを恐れる傾向があると，その怒りを警戒し，穏やかな関係を築こうとする。しかし，その結果カウンセリングは，皮相的な水準にとどまってしまい，本来の機能を発揮することができない。

③クライエントに対して拒否感を持つ

☞クライエントを，心理的支援者自身が抑圧している願望を顕在化する存在として認知している可能性がある。たとえば，依存を向けられると強い拒否感が起こる場合，心理的支援者自身が依存の欲求を持ちながら，それを自分自身で認められない状態であるかもしれない。

④常に評価や良い結果を求めたくなる

☞クライエントが良くなっていかないとき，また結果が出ないとき，自信を喪失してしまう。心理的支援者の不安がクライエントに察知されると，クライエントは心理的支援者を喜ばせるために良くなろうと無理をすることになる。

⑤クライエントの中に自分をみる

☞カウンセリングの関係において，必ず起こることといってもよい。周囲が見えなくなるほどのめりこんでしまうことで，心理的支援者が自分自身の葛藤に取り組んでいる状況になってしまう。クライエントが必要としているカウンセリングのプロセスが阻害されてしまう状況であると考えられる。その場合は，そのような同一化の背景について

検討して自己洞察を得る必要がある。

⑥つい，助言をあたえてしまう

☞クライエントに助言することで，心理的支援者はクライエントに解決策を提供することができ自己有効感を得ることができる。そこで心理的支援者はいい気分になれるかもしれないが，クライエントが自分で解決法を発見する機会を奪うことになる。問題を解決するプロセスは，心理的支援者のためではなく，クライエントのためのものであることを認識する必要がある。

以上のような逆転移による状況はしばしば起こりがちで，実際問題，このような逆転移を避けることは難しい。むしろ，生起している逆転移に気づくことが重要である。心理専門業務において，心理専門職は一人の人間として支援を受ける人に出会う。人間である以上，その心には弱みや痛みがあり，それを進んで開示するわけではないものの，心の中のそのような内容が，カウンセリングの状況に影響を及ぼすことは避けられない。心理専門職に求められることは，そのような自分自身の傾向について認識をもち，その背景について心理専門職自身が洞察を深めながら実践を行うことである。スーパーヴィジョンは，その作業の大きな助けになるだろう。こうして，心理専門職が意識しないままに自分の目的のために心理専門業務を利用する事態を避けることができる。逆転移を洞察することで，支援を受ける人の立場を中心にした心理専門業務の提供が実現できるのである。

5. 情報の適切な取り扱いについて

心理専門職としてその業務に取り組む際には，多職種と連携しながら支援を受ける人の安全を優先させる義務がある。心理専門職の実践では，それらが適切に遂行されていたことを証明する根拠となる資料の提示を

求められることがある。専門職は，そのような検証に備えて，業務の記録をとり，これを必要な期間保存しておかねばならない。

　心理専門職は，支援を受ける人の話をしっかり聴き取ることが求められるが，定期的に行われるセッションの大きな流れや，これからの方向性を見定めるために，毎回の記録をとること，これをセッションの前に折々読み返すという作業がある。これによって，支援を受ける人が今ここでその話を語る意味を感じ取り，しっかりと聴き取ることができるのである。聴くことは，受け身ではなく，能動的な作業を基盤に成立する全人格的な関わり合いであることを確認しておきたい。

　そのような守秘義務のもとでの業務の記録や保存については，細心の注意が求められる。そのモデルを，具体的な事例の形式で示す。

《心理専門職Bの記録の取り扱い》

　病院の非常勤心理職（週2日）に加えて，スクールカウンセラー（週1日）としてはたらくBさんは，傍ら，夜間に私設臨床（自ら運営している心理相談室）でのカウンセリングも行っていた。病院やスクールカウンセリングにおいては，それぞれの職場での記録管理方針に従い，カルテや業務日誌に，日時，面接時間，症状や状態の変化，その日の心理的対応，他職職との情報交換の事実を記載している。

　私設臨床における記録は，セキュリティソフトによって防護された自分のパソコンに，パスワード付きのファイルを作成し，外付けハードディスクに保存している。記録を入力している間は，インターネットとの接続を切り，万が一データが流出することを防ぐようにしている。

　私設臨床の記録は，業務記録と実践ノートの2種類である。業務記録は，開示が求められた場合に開示可能な記録として作成される。そこには，必要以上の個人情報を入れないようにして，セッションの日時と時

間数，医師への情報提供として有用な情報となりうるかどうかという観点から抽出された，客観的事実を中心として，支援を受ける人の状態の変化，今後の見通しや課題などが記録されている。この情報の取捨選択において病院の心理職としてカルテに記入してきた経験が役立っている。

　これらの業務記録のほかに，同じハードディスク内の別のフォルダーに，実践ノートのファイルを作成している。こちらの記録は第三者に開示しない記録として，セッション内での逐語的記録，Bさんの所感や考察も記録されている。ただし，この記録では支援を受ける人はコードネームで記録され，話された内容から個人を特定する情報（個人名，機関名，地名）を削除している。この記録を必要に応じて読み返すことで，支援を受ける人やカウンセリングにおける関係性の変化を確認し，見立てや見通しを立てて，より良い心理専門業務を提供するために役立てている。また，自分自身の理解を超えると思われる事例については，この記録をもとにしてスーパーヴィジョン用の資料を作成する。

　スーパーヴィジョン用の資料では，一切の個人特定情報が削除されており，スーパーヴィジョン後はその資料を持ち帰りシュレッダーにかけている。

　事例が終結すると，これらの記録（業務記録と実践ノート）は紙媒体に印刷してから，電子記録を消去している。印刷された記録は，鍵のかかるキャビネットに終結順に保存されており，終結後一定年数が経った時点でシュレッダーで処理している。一定年数としては5年間を見込んでいるが，20歳未満の事例については，彼らが自立できる見込みがつくまでの保存が必要かもしれないと考え始めている。

　ある日，BさんのクライエントCさんより自分のうつ症状は労災であるとして職場を訴えるために，自分自身のカウンセリング記録を裁判所

に提出してほしいという依頼があった。この場合は，Cさん自身の依頼であるため，守秘の例外と考えられる。Bさんは，自分の作成した業務記録をベースとして，実践ノートからCさんに役立つと思われる情報を抽出して報告書を作成することにした。Cさんのカウンセリングの回数は80回に達しており，膨大な時間がかかる作業になることが見込まれた。そこでBさんは，自分にできることは，Cさんの語った内容の中から今回の裁判で役立つと思われる内容を記録通りに抽出することしかできず，それが根拠となる資料として役立つかどうか約束できないこと，報告書の作成には時間がかかることを説明し，報告書の作成のために要する時間に対する報酬についてCさんと話し合って合意し，作業に着手した。こうして作成された報告書は，Cさん自身に目を通してもらった上で，文書による同意を得て，裁判所に提出された。

【参考文献】

金沢吉展（1998）カウンセラー：専門家としての条件　誠信書房

村本詔司（1998）心理臨床と倫理　朱鷺書房

Nagy TF 著（2007）村本詔司監訳　APA 倫理基準による心理学倫理問題事例集　創元社

金沢吉展（2006）臨床心理学の倫理をまなぶ　東京大学出版会

Pope, K. S., Tabachnick, B. G., & Keith-Spiegel, P.（1987）Ethics of practice：The beliefs and behaviors of psychologists as therapists. American Psychologist, 42 (11), 993-1006

日本臨床心理士資格認定協会臨床心理士倫理綱領（1990）

日本臨床心理士会倫理綱領　2009 年 4 月 1 日施行

Corey, G. 他著（2004）村本詔司監訳　援助専門家のための倫理問題ワークブック 139　創元社

【学習課題】

1．支援を受ける人の安全の優先が，その人の立場を中心に考えることと相反する状況とは，どんな状況があるだろうか考えてみよう。
2．その場合，あなたが心理専門職であればどのように対応するか，その理由を併せて考えてみよう。

14 | 心理専門職にとっての生涯研修

吉川眞理

《**目標＆ポイント**》 心理専門職の生涯研修についてその必要性を確認し，実践知の熟達化の観点より生涯研修のプロセスを概観する。特に心理専門職における生涯研修においてスーパーヴィジョンの果たす役割は大きい。心理専門職の幅広い業務において心理療法は特別な意味を持っている。そこで心理専門職は，支援を受ける人との関わりに，全人格をかけて主体的に関与する。その過程の中で，支援を受ける人とともに心理専門職自身の人格にも変化が生じるのである。それは支援を求める人との出会いのたびに新たに繰り返されるプロセスである。
《**キーワード**》 生涯研修，実践知，テクニカルスキル，ヒューマンスキル，スーパーヴィジョン，主体的関与

1. なぜ生涯研修なのか

　どんな職業でも生涯研修は必要と思われるが，とりわけ高度専門職と呼ばれる職業において生涯研修は，社会の変化，技術の進歩，さらに新しい知見の蓄積に対応するために強く求められている。公認心理師法においても，第43条で「公認心理師は，国民の心の健康を取り巻く環境の変化による業務の内容の変化に適応するため，第2条各号に掲げる行為に関する知識及び技能の向上に努めなければならない。」と定められるとおりである。日本臨床心理士会の倫理綱領第5条において，「会員は，資格取得後も専門的知識及び技術，最新の研究内容及びその成果並びに職業倫理的問題等について，研鑽を怠らないよう自らの専門家としての

資質の向上に努める」と述べられている。

　また，臨床心理士の生涯研修の必要性の根拠には，新しい知識や環境変化に対応するだけでなく，心理専門職技能の特殊性がある。それは，技能の習熟が生涯続くという点である。その意味合いを含めた研鑽義務に触れているのは，日本臨床心理士資格認定協会の臨床心理士綱領である。第 2 条の「臨床心理士は訓練と経験により的確と認められた技能によって来談者に援助・介入を行うものである。そのためつねにその知識と技術を研鑽し，高度の技能水準を保つように努めることとする。」と記述されている。ここで臨床心理士の技能は，訓練と経験を積み重ねることによって的確性を増すことが示唆されているのである。訓練に加えて経験の積み重ねには相応の時間を必要とすることから，心理専門職は，その職業人生の生涯にわたり，経験を技能に統合していく過程を生きるといえるだろう。また，身体能力や迅速な判断が求められる領域での活動については年齢的なピークがあるが，私設臨床（個人で経営する心理相談室など）での臨床活動やスーパーヴィジョン，教育指導においてはこれまでの経験が活かされるために比較的高齢でも活動でき，その習熟過程はゆっくり継続すると理解される。

2. 心理専門職における熟達化

　人が，経験を通して実践知を獲得し，初心者から熟達者になる長期の過程を熟達化と呼ぶ。その過程には，初心者，一人前，中堅者，熟達者と呼ばれる段階が想定され，その各段階から次の段階に移行するのに，それぞれ 10 年ほどかかるとされている（金井ら，2012）。その熟達化の段階は**表 14-1** のようにまとめられる（金井ら，2012）。それぞれの段階から次の段階に至るために，相当な経験が必要とされ，その移行においては，それぞれの壁があるという（**図 14-1**）。

表 14-1 実践知の熟達化の各段階

初心者	入門的指導を受け，見習いから実経験を受けて一般的基準やルールを手続き的知識として習得し，手続きの熟達を図る。
一人前	定型的な仕事を指導者なしで確実に遂行できるようになる。
中堅者	状況に応じて規則を柔軟に適用する。手続き的知識は蓄積され構造化され，職場の全体像を把握して動くことができる。
熟達者	膨大な経験を通してスキルや実践知を獲得し，高い水準の遂行を効率よく正確に発揮できる。事態の予測や状況の直感的分析と判断は信頼でき，難しい問題解決状況に対処できる。

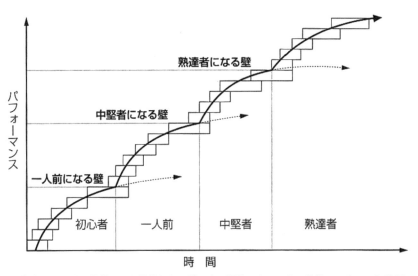

（注） 長方形は熟慮された練習などの質の高い経験によってある段階のスキルや知識が獲得されることを示す。

図 14-1 熟達化の段階とパフォーマンス　　　　　　　（楠見，2012）

　心理専門職においては，大学院在学中から資格試験を通過し職場で経験を積む時期は初心者と位置づけられる。約 10 年かけて一人前に仕事をこなせるようになり，それぞれの職場でのリーダー役，さらに多職種連携をとりまとめるリーダー役を引き受けられるようになるところまでが中堅者といえるだろう。中堅者は職場内での後輩の相談役として機能している。そして心理専門職の熟達者は，スーパーヴィジョンを引き受け，また自分自身が獲得した実践知を若手に継承するため言語化していくことが課題になる段階と考えられるだろう。

　このように，職業場面で獲得されていく知識は，実践知と呼ばれる。カッツ（Katz, 1955）によれば，実践知は，テクニカルスキル，ヒューマンスキル，概念化スキルに分けられる。

　まずテクニカルスキルは，専門知識，専門的能力に対応する。仕事の手順，スキル，内容的な知識である。資格試験で問われる知識，研修において学ぶ知識や技能がこれに対応する。

　第二のヒューマンスキルは対人関係能力である。一般的にいえば，顧客や同僚，連携する多職種，上司や部下を理解し，考えや気持ちについて十分なコミュニケーションを図り，良い関係を築く能力である。心理職においては，支援を求める人との対人関係の形成が仕事の基盤であるという点において，このヒューマンスキルの重要度が非常に高いといえる。

　概念化スキルは，複雑な状況や変化を認知・分析し，問題を発見し，実際的・創造的解決を図るスキルである。心理専門職では，支援を求める人や，その環境，また自分自身との関係性について見立てる力に対応すると考えられる。

　テクニカルスキルに関しては，大学及び大学院や研修で学ぶことができる。心理専門職のヒューマンスキルをいかに向上させていくかについ

ては，心理専門職の熟達化において非常に重要な課題といえる。ヒューマンスキルについては，ロールプレイ，体験的なワーク，ディスカッションなどの能動的な学習の成果も期待されるが，何よりも日々の実践の中でそれぞれの個性に応じたスタイルを確立することが必要である。それはうわべのスキルではなく，その人の人間性，人格全体をもって人とどう関わるかということである。

　概念化スキルの熟達に関しては，スーパーヴィジョンがこれに大きく寄与する。実践の過程をスーパーヴァイザーとともにふりかえることで，スーパーヴァイザーのヴィジョンを取り入れることができる。グループ・スーパーヴィジョンでは，参加者間でのディスカッションにより複数の視点を取り入れる機会も得られる。グループ・スーパーヴィジョンの参加者は，個人を特定する情報が伏せられた事例経過を聞きながら，その経過に入り込み，ともに考え，討論する。その経過を知識としてではなく，深い情緒の水準で共有することによって，「見立ての力」を向上させることができるのである。そのようなグループ・スーパーヴィジョンの延長に，事例を扱う研修がある。この研修は，守秘義務を持つ専門職（あるいはその訓練生）の間で，個人を特定する情報を伏せて提示される事例を共有し，その事例をいかにとらえて，いかに関わるか，その関わりのなかでクライエントにどのような変化が生じてきたかについて，ともに聴き取り，感じ取り，考えるセッションである。参加者間の討論やコメントを通して，事例の理解を深め，とらえる視点や視野を広げ，事例提示者も参加者もともどもにその理解を情緒的な体験の水準に深めることができるのである。

3.　経験から「実践知」を獲得するために

　同じ経験をしても，その経験からどのように影響されていくかは，人

さまざまである。経験を積めば積むほど実践力がつくといわれることは多いが，ただ経験を重ねるだけでは心理専門職の技能を深めることはできない。一つ一つの経験を経験しぬくこと，その経験をしっかり生きることが重要になるのである。それはまず，辛さや大変さ，あるいは喜びを感情として体験できることである。経験に伴って動く自分自身の気持ちや感情を，それと認識し，可能であればそれを他者に伝達するコミュニケーション力が求められる。それは言語的な表現とは限らない。姿勢や動作によってもその感情は相手に伝わり，さらに，言葉をもって語るときに，そこに「語る私」が立ち現れるのである。

　河合（1992）は，分析者と被分析者の関係について「自然科学における観察者と対象との関係と異なり，『切断』を行うのでなく，むしろ主観的なかかわりを大切にするのである。このとき分析家が相手と同一化してしまっては，混乱してしまう。さりとて，まったく相手から切断された客観性を持つと，分析は進展しないのである。」と述べている。これは広く心理的支援における人間関係にも通じる知見であるだろう。さらに，スーパーヴィジョンの重要性について触れる中で「スーパーヴァイザーのところへ行くために，ヴァイジーが記録をとり，それについて語る，という事実そのことが重要な意味を持っている。ヴァイジーはそこで自分の行為を『対象化』しつつ，またそれなりの『物語』を語ることをしているのである。」と述べている。自分の行為を対象化することは，科学的な態度である。しかし，同時に物語が語られるとき，そこには語り手の主体的関与が生じている。ただの経験ではなく，その経験を対象化しつつ，同時にその経験に主体的に関与することが求められるのである。こうして，心理的支援における経験は，対象化とともに主体的関与も求められる。熟達者はこれを同時に行っているかもしれない。それは名人芸の域であるだろう。しかし，初心者は，支援を求める人と過ごした時

間を思い起こしつつ丁寧に記録をとり，スーパーヴィジョンを受けるための記録を作成する作業においてまず対象化していく。さらに，スーパーヴァイザーの前で，この資料をもとに主体的関与をもって語ることによって，経験の対象化と主体的関与という対極的な関わりを，併存させていく。心理専門職の養成において，スーパーヴィジョンが重視されるのはこのためである。

4. 心理専門職の技能の深みについて

　第1章で述べたことでもあるが，心理専門職には，知識は必要条件であっても，それだけで十分というわけではない。そこに，一人の人間としての個性をもって，同じ人間である相手にかかわるその人独自のスタイルの形成が求められる。心理職は，独自性をもつ自らの全人格をもって，支援の場に入り，支援を求めるその人と出会う。このような出会い方についてサリヴァン（Sullivan, H.S. 1892-1949（Sullivan, 1986））は，「われわれは『精神医学のデータは関与的観察をとおしてのみ獲得できるものである』という結論に達した。すなわち，精神科医が一隅に身を隠しながら自分の感覚器を利用して他の人間の行為を認知することはできない。道具を使って感覚をどんなに鋭くしてもだめである。目下進行中の対人作戦に巻き込まれないわけにはいかないのである。精神科医の主要観察用具はその『自己』である。その人格である。個人としての彼である。」と述べている。精神科医と心理専門職は異なる専門職であるが，サリヴァンの記述する面接は，心理専門職の領域でもある。その意味で，心理専門職も目下進行中の対人作戦に巻き込まれないわけにいかない存在といえるだろう。自己，人格，個人としての自分を観察用具として，他の人間の行為を認知するのである。

　渡辺（2015）は，「臨床心理士とは『臨床心理学的に配慮されたアプロー

チ』の原則，すなわち『一人一人のクライエントを確かな対象として』，
『クライエントと直接関わることを通して』，『クライエント自身の体験
とその表現を核にして』，『現前性・状況性・歴史性・関係性・個体性・
希求性の総体的視点から』，『クライエントと臨床心理士の相互関係の中
で』，『臨床心理士自身のことも常に含みこんで』，『依拠する臨床心理学
の理論や方法を信頼し，かつ疑うことも忘れずに』そして何より『クラ
イエントのために』という八つの原則」に従いながら，「『クライエント
のこころ・からだ』を理解し，手助けする職業的専門家のことである。」
と述べている。

　この 8 つの原則では，「クライエントと臨床心理士の相互関係の中で」
「臨床心理士自身のことも常に含みこんで」という表現において，臨床心
理士が一人の人間として，全存在をもってクライエントと相互的な人間
関係を営む中で，臨床心理士としての専門的職能が発揮されることが明
言されている。そして臨床心理士は，このような心理臨床の実践におい
て，自身の人格の変容を免れないのである。

　このような考え方のルーツは，ユング（Jung, C.G. 1875-1961）の『心
理療法論』にある。ユングは，心理療法を 4 ステージ（**表 14-2**）に分類
した（Jung, 1929；1989）。

　この 4 ステージが心理療法の礎石を構成している。これらの 4 ステー
ジは必ずしも順を追って起こるわけではなく，事例によっては，異なる
順序で，あるいは同時的に，重層的に，起こりうるものでもある。また，
事例において必ずしもすべてのステージが展開するわけではなく，そう
あらねばならないわけでもない。

　『心理療法論』において，ユングはセラピストとクライエントの二者関
係について論じている。この 4 ステージの紹介においては，ユングの原
著を活かしてセラピストとして記述するが，読み手は，心理専門職は心

表 14-2　ユングによる心理療法の 4 ステージ

1）告白（Confession）	「告解」心の暗部との対面→転移/逆転移
2）解明（Elucidation）	「解釈」心の暗部に光をあて転移/逆転移について話し合う
3）教育（Education）	社会での適応を目指す取り組み
4）変容（Transformation）	セラピストとクライエント双方の人格変容

理的なセラピストと自認してよいだろうか，自認できるとすれば，それはどんな場合なのかと思いめぐらせながら読み進めてもらいたい。

1）第 1 のステージ：告白（Confession）

　このステージでは，秘密が語られることが重視され，告白と名づけられている。そのモデルはカトリックの懺悔である。ユングは，心理療法において心の秘密が語られることの重要性について述べている。ユングによれば，人間が罪の意識を持ったとき，心の中に「秘すべきもの」が発生する。それは幼児期にその起源をもつ性愛的な欲求や他者への支配欲かもしれない。これらを完全に意識上で抑圧してしまうと，それは本人の意識からも隠された「秘密」となり，漠然とした不安として認知されるようになる。これらがさまざまな神経症を引き起こすのである。心理療法が成立するために，もっとも基礎的で重要なことは，クライエントが自分自身の秘密，自らの弱い部分，暗い部分と向き合い，それを語る場をセラピストが提供できるかどうかということになる。そしてこれらが語られるとき，同時に心のその部分に絡む情動が動く。この情動のカタルシスが生じる瞬間において，心の中で抑圧され隔離されていた内容（秘密）が心に再統合される機会となる。そしてセラピストは，ここで語られた秘密を，本人が自覚して抱える作業の協力者となるのである。

しかし，人が自分自身の秘密を語ることは，自分自身の存在の弱い部分，暗い部分を他者に開示する体験である。それに伴ってセラピストへの強い依存が生じやすく，そこにさまざまな転移が生じるのである。このような転移の対象（セラピスト）との一体感は，一時の幻想であり，ここからの離脱こそが，真の心理的な治癒に欠かせない心理的作業となる。ここで心理療法の焦点は第2のステージ，解明へと移行する。

2）第2のステージ：解明（Elucidation）

　このステージで心理療法は転移の対象（幼児期あるいは象徴的な父親または母親と認知されているセラピスト）との無意識的空想の展開する関係の場へと展開し，この転移による空想的な関係を乗り越えるために，解明という作業が始まる。転移的な関係性は，クライエントの心の深い部分の情動を引き起こす。セラピストは，クライエントの心に生じたこれらの情動や感情の転移を，意識の光によって照らす作業を行うのである。それは精神分析でいう解釈（Interpretation）に対応するが，ユングは，あえて解明（Elucidation）という用語を用いることで，転移に対する態度がフロイト（Freud, S. 1856-1939）のそれと微妙に相違することを示そうとした。精神分析においては，その感情を幼児期の父親に対する感情の「転移」であると還元して認知する。これに対して，ユングは，象徴的父親に向けられた強い情動に光をあてつつ，その情動に流されることなく，共に体験してくぐり抜ける過程に重点がおかれる。ユングは，この作業を通して，クライエントと治療者がともに心の深い部分までおりていき，その深みに流れている情緒を自分自身の一部として引き受けることが重要だと考えた。ここで人は，自分の存在の小ささやつまらなさ，自分が決して完全な存在ではないという気づきを得て，自分自身の生を生き始める。それは，他人に要求する人間から，自分で責任を持つ人間への変化である。そこでは，偉大なる存在に守られ愛される存在で

あり続けたいという幼年期の夢の断念が生じて，自分自身の無力に耐えて生きていく人間としての再出発がある（Jung, 1929；1989）。

3）第3のステージ：教育（Education）

このステージでは社会的適応性を身につけること，社会的人間へと教育することが重視される。現代においてこの教育的なはたらきかけへのニーズが高まっているように思われる。この過程を経て社会的適応が可能になるクライエントも多い。ユングによれば，アドラー（Adler, A. 1870-1937）の心理療法はこの教育的ステージに重点をおいている。現代の認知行動療法もこのような教育的要素が強いアプローチといえる。社会への適応については，ユング自身も人生前半の最も重要な課題としてとらえており，彼が人生後半の課題として掲げた個性化も，人生前半における社会への適応があってはじめて可能になるものと考えられていた。

4）第4のステージ：変容（Transformation）

これまでのステージでは，何らかの生きづらさを抱えたクライエントの社会への適応が目的であった。一般に，人生に適応することや生活を正常に戻すためには，フロイトやアドラーの合理的な心理療法が有効であり，おそらく，この社会に生きている多数派の人間にとって，こちらの手法が有効であると思われる。しかし，これらの技法によって，どうしても変化が見えないとき，あるいは多数派と異なる可能性をそなえた個性を持つクライエントには，この第4のステージが展開する。また，社会へ適応しているにもかかわらず，その適応した生き方がその人本来の個性を活かしていないとき，心の機能不全が生じる場合がある。このような場合，ユングは心理療法における目標をあえて設定しないと述べる。「私は可能な限り，経験そのものに治療の目標を決めさせている。心理療法においては治療者が確固とした目標を一切持たないほうが実のところ賢明であるように思われる。治療者はおそらく自然や患者の生きる

意志ほどには，その目標をよく知ることはない。」（Jung, 1929；1989）。

ユングによれば，このような心理療法の目標は，心理療法の過程の中で次第に明きらかになる。こうした心理療法は，両者の全人格的なぶつかり合いから来る相互作用の所産である。ここで二つの人格の出会いは，性質の異なる二つの化学物質の混和にたとえられ，クライエントだけでなく両者ともが変化を遂げていくのである。このステージの心理療法においては，セラピストとクライエントの両者が等しくその過程の構成要素であり，この過程により人格の変化が生じる。そこではセラピストも，自らの心の内部をみつめ，自分自身が変化することが求められる。ここで語られる心の変容は，病理の治療の域を超えており，一人ひとりの生き方，人間の心に潜在する可能性の発見に向かうものである。セラピストとして，このステージにおいてクライエントに変化を生じさせる過程に参与するためには，教育分析の経験により，自己教育の過程が重要であり，クライエントがくぐる過程を，自分自身の体験として持つことが求められている。

5. 心理的支援における相互的過程の発現

ここで実際にセラピストが，クライエントの抱える問題にともに取り組む事例を紹介したい。精神科医の角野（2011）による報告である。「以前，希死念慮の強い患者がいた。彼はあまりそのことを自覚していなかった。しかし，筆者が彼の中の自死の決意が思いのほか強いことに気づいた時，彼にそのことを知ってもらうように話したが，なかなか理解してくれなかった。そのとき，もっとも大切なことであると思ったのは，まずこちらが彼の自死を誰よりも深刻に受け止め，誰よりも，もちろん彼よりも彼の自死の可能性を覚悟しておくことであった。彼が死を選ぶかもしれないことへのこちらの覚悟とそのことの重さを面接の中でしっか

りイメージし，そのことからこちらが逃げないで腰を据えることを彼との第一の心理的仕事とした。筆者が逃げずに彼の自死を彼よりも進んで一歩でも半歩でも乗り超えるならば，きっと彼はこちらに戻ってきて自死から解放されると思った。」。著者は10代のころ，自分をかわいがってくれたおじの自死を経験している。そのときの家族らの悲しみと混乱を目の当たりにして，人間の無力さを実感したという。そのような著者が，このクライエントに向き合い「彼の内的な自死の思いを静かに受けとめ，ただただそこにこころを留めておくことが必要であった。そのことにより，彼の存在は自死からゆっくり離れていき，時間をかけながらも現実へ帆を戻してくれた。」。この治療と並行して著者は，自身の内面において自身のおじの自死と向き合う心の作業に必死で取り組んでいたのである。「それは精神科医でも，ユング派の心理療法家でもなく，自死に対する重い思いを持ち続けているただの素人のごとき存在であったと思う。」とふりかえっている。

　心理専門職の訓練の過程として，臨床心理士養成では，初心者である院生が緻密なスーパーヴィジョンのもとでカウンセリングやプレイセラピーを担当する。そこで，経過中に支援を求める人や子ども達に，見事な心の成長が発現することに驚かされることがしばしばある。初心者は知識に関しては付け焼刃の状態であるため，アセスメントや見立てについては覚束ないところもあるが，それはスーパーヴァイザーの熟練の視点をもって補われる。何よりも，このような初心者の担当する心理療法の原動力は，知識や既存の経験に頼ることなく，今，ここで，自分が真剣に支援を求める人と出会おうとする，その気概である。初心であるために決して驕ることなく，謙虚にわが身の感性のアンテナとエネルギーを全開にして，1回，1回，真剣に出会うその力は，一人前や中堅者の心

理専門職には見失われがちな姿勢であろう。臨床心理士養成の現場で
は，その力の凄まじさを実感させられることがしばしばある。そして
スーパーヴァイザーとのペアが，初心者と支援を求める人の間で生じる
関係性のコンテナーとして機能するのである。臨床心理士養成指定大学
院の学内実習担当教員は，院生は初心者であっても必要な守りを得るこ
とで心理療法が，しっかり展開することを，認識して指導にあたること
が重要である。このような守りの枠組みを体験して育った世代が，次の
世代の育成に同様に携わることで，心理療法の本質が継承されていくの
である。

　角野（2011）は心理療法の熟達について次のように述べている。「正直
いって経験年数を重ねても，筆者にとって心理療法は，なお難しい。心
理療法とはそういうものであろう。だから，常に謙虚であることが求め
られるし，それは，どの道に進んでも同じことであろうと思う。…（中
略）患者たちやクライエントたちとの面接で，一生学んでいくのである。」
心理専門職がクライエントとの出会いを真の相互的過程として生きるた
めの道のりは，決して簡単ではない。おそらく生涯かけてもきわまるこ
とはないだろう。その意味で，心理専門職は生涯研修を続ける専門職と
いえる。

【参考文献】

公認心理師法　2017 年 9 月 15 日施行

日本臨床心理士会倫理綱領　2009 年 4 月 1 日施行

日本臨床心理士資格認定協会制定臨床心理士倫理綱領（1990）

楠見孝（2012）実践知の獲得　金井壽宏・楠見孝（編）実践知―エキスパートの知性　有斐閣

Katz, R. L.（1955）Skills of an effective administrator, Harvard Business Review, 33 (1) 33-42

河合隼雄（1992）心理療法序説　岩波書店

Sullivan, H. S. 著，中井久夫，他訳（1986）精神医学的面接　みすず書房

渡辺雄三（2015）臨床心理士の仕事の方法　金剛出版

Jung, C. G.（1929）大塚紳一郎訳（2016）「現代の心理療法の問題」『心理療法の実践』みすず書房

角野善宏（2011）心理療法を実践する―ユング心理学の観点から　日本評論社

【学習課題】

1. 心理専門職に求められるカッツのヒューマンスキルを身につけるために，あなたが日常生活で実行できることについて考えてみよう。
2. 心理専門職の職務は幅広く設定されるが，公認心理師の職務は，ユングの心理療法の 4 ステージのそれぞれのステージとどのように関連するのかを考えてみよう。

15 │ 心理専門職にとっての 自己課題発見・解決能力

吉川眞理・平野直己

《**目標＆ポイント**》　心理専門職として成長していくことは，知的学習・体験学習・実践学習の循環的な積み重ねを通して常に新しい知見や技術を追求して専門性を高めていく過程である。とりわけ心理専門職は対象者との関わり合いを通して，その現場で求められる援助を行う対人援助職である以上，その成長のために，対象者に注目するだけでなく，対象者と自分との関係や心理専門職である自分自身を見つめ，ふりかえり，問い続けていくプロセスが重要である。また，その経験を理論化し，その理論を検証していく姿勢が求められる。その取り組みが心理学や臨床心理学の発展をもたらし，次世代の心理専門職の実践の質を向上させていくという循環が発生する。

《**キーワード**》　科学者-実践家モデル，臨床の知，ナラティブ・アプローチ，リフレクション，メンタライゼーション

1. 実践から出発し実践を導く心理学および臨床心理学

　ここで心理専門職としての実践に関して第14章で紹介した「実践知」の熟達化モデルのうち，その実践を分析し，問題解決を図る概念化スキルに着目してみよう。このスキルにより，実践から得た経験が論文にまとめられ，臨床心理学の発展やよりよい実践が可能になる。そのような実践と理論の循環により蓄積される心理学および臨床心理学のアプローチについて，以下，科学者-実践家モデル，「臨床の知」モデル，ナラティブ（物語）アプローチの三つの流れを紹介する。

（1）科学者-実践家モデルから実践家-研究者モデルへ

　科学者-実践家モデルを概観した村椿ら（2010）によれば，心理学における科学者-実践家モデルの出発は，第二次世界大戦後の米国で多数の帰還兵の精神療法や再雇用のために専門的な心理士を育成する社会的な要請が背景にあったといわれている（Petersen, 2007）。そこで米国国立精神衛生研究所（National Institute of Mental Health：**NIMH**）と米国心理学会（American Psychological Association：**APA**）により，臨床心理学訓練プログラムの標準化のための会議が1949年コロラドのボルダーで開催された。このボルダー会議において，科学者-実践家モデル（Scientist-Practitioner model, Boulder model）が生み出された。このモデルは精神医学の治療者養成モデルをベースにして，臨床心理学の実践家に対して，研究者と臨床家を融合した訓練を求めるものであった。このモデルにおいて心理実践家は，アセスメントと治療の最新の研究知見を自らの臨床実践に適用することができ，自らの臨床的介入の適正な評価ができることが期待された（Petersen, 2007；Drabick & Goldfried, 2000）。科学者-実践家モデルの訓練においては，臨床技法を批判的に選択する十分な知識の獲得と，観察，面接，アセスメント，心理療法に関する臨床技法の熟達が目指されたのである。

　その後，英国では，シャピロ（Shapiro, 1967）により，応用科学者モデルが提唱された。そこでは，臨床業務を応用科学として位置づけており，メンタルヘルスに関する一般心理学知見の応用，科学性を有するアセスメントと治療だけを使用すること，クライエントの問題に関する仮説立案とその検証のためのデータ収集という科学の枠組みにおいて臨床業務を行うべきであると主張された（Shapiro, 1985）。このモデルにおいては，心理専門職業務が自然科学の枠組みに準拠することが厳密に求められている。これに応える介入技法として，まず学習理論を背景とする技法と

して発展した認知行動療法領域において活発な効果研究が行われ，優勢な技法として認知されるようになった。その後，他の介入技法に関する効果検定研究が進められ，介入の幅が広がっていくことが期待されている。

一方，米国では，1973年にベイルにおいてNIMH助成の会議が開かれ，臨床心理実践家の育成のための訓練プログラムが作成され，実践家-研究者モデル（practitioner-scholar model, Vail model, 1973）と呼ばれるようになった（Korman, 1974）。そこでは，より実践志向の訓練が提唱され，臨床において科学的理論を応用する実践家の育成が目指された。

このモデルにおける訓練において，**表15-1**の4点の遵守が求められている。

また，博士課程においては，社会的ニーズを反映させた新しいサービスプログラムの開発や，実践と理論の統合に基づく新しい概念モデルへの挑戦，スーパーヴィジョンと訓練などを専門的なメニューとして加えるべきであるとした。

このベイルモデルは，日本の臨床心理士養成カリキュラムにおいて重視されている大学の附属心理相談室実習（大学院生がスーパーヴィジョンを受けつつ心理臨床業務を担当する実習。地域住民がアクセスしやすい心理専門業務を提供する）にも通じている点が興味深い。

これらのモデルはいずれも自然科学と実践を架橋しようとする試みであった。そこでは科学的根拠（evidence）に基づく実践が提唱されてきた。中でも医療費コストを抑制する米国政府の政策によって，医学領域において専門的サービスを提供する側の説明責任が重視されるようになり，介入の効果を検定し，その効果の科学的根拠によって症状に対して最善の介入法を選択することが求められる動きが強まった。

しかし，このような効果に関するエビデンスに沿った介入の有用性を

表 15-1 実践家-研究者モデル（ベイルモデル）における訓練方略のポイント

1	現場における訓練と教室で学ぶ技能と知識を統合することがより重要であると考え，実地経験は，訓練プログラム側の目的とコミュニティ側のニーズを一致させることに注意を払う。
2	文化的に多様なバックグラウンドのある人々に広く目を向け，差別のないサービスを提供する義務を自覚する。
3	教授陣と学生は，訓練プログラムの一部として臨床業務提供を行い，臨床心理援助を受けることが不十分な人々への関与を増加させる。
4	多数の心理士の業務が社会に及ぼすであろう影響について慎重な検討を行い，心理士集団が公共政策に寄与できることに関して，高度に倫理的な判断を行う。

（村椿ら. 2010 より抜粋）

認めながらも，実験的に得られた知見を心理実践に当てはめることの限界も指摘されるようになった（Meyer & Chesser, 1970）。たとえば示されるエビデンスは，単一の症状に対する効果であり，実際の精神科領域では，①患者の症状はしばしば複数の症状を呈しており，かつ複雑な症状も含むこと，②同一の症状であっても，その維持要因が何かによって効果的な技法が変わること等の理由により，客観的指標が得られやすい医学に比較すると，そのエビデンスの有効性に疑義が出されたのである。そこで実践家は，その時代のエビデンスを利用しつつも，個別的なアセスメントを行い柔軟な実践を行うことが求められることになった。こうして，診断分類によって機械的に介入方法が決定されるのではなく，目の前のクライエントの行動と彼らがおかれた環境に関する情報をもとに，個別性を重視して介入を決定する「ケースフォーミュレーション」

（Turkat, I. D. 1985）が提唱されるようになった。

　また，APA では，心理学的手法普及促進特別委員会（Task Force on Promotion and Dissemination of Psychological Procedures）が組織され，実験や経験によって，経験的に確証された介入法のリストを作成し，このリストを普及する活動が継続されてきた。このリストは「経験的に支持された治療（empirically validated treatments：EVTs）」と呼ばれている。最初の報告は 1995 年で，その後もリストが更新されている。このリストに掲載されるためには，治療マニュアルの存在が条件となっており，そこには介入の手続きや手法を伝える手引きが記載されている。しかし，マニュアル化する中で，心理的手法が形式化し，クライエントや環境，あるいは治療者とクライエントの間の関係性によって臨機応変な介入が困難になるジレンマが生じた。これらは科学に対する行き過ぎた態度であるとの批判を受けることになった。そもそも科学は物事をすべて対象化してとらえるアプローチであり，その対象は測定可能な現象や物質である。心理専門職が実践において対象とするのは心理的現象，主観的な体験そのものであるが，これに対して基礎心理学が扱えるのは行動指標や生理的指標であり，これらを媒介にして研究する科学性，客観性が重視される。この科学性を追究するために，科学者-実践家モデルと実践家-研究者モデルでは，一般的な法則に準拠することが求められるのである。しかし，科学の成果を一人ひとり個別の人の心への介入に適用する際には相当に工夫が必要となる。2006 年，APA は，「心理学におけるエビデンスに基づく実践（evidence-based practice in psychology：EBPP）とは，患者の特性，文化および志向性といった文脈において，最善の研究エビデンスと臨床上の判断を統合させたものをいう。」と定義づけた。すなわち，実証に基づく心理学的介入とは，まずクライエントの主観的体験を尊重し，ベスト・エビデンスを選び出して，それを実践において活

表 15-2　心理的介入方法の効果に影響をおよぼすさまざまな要因

要因の所在	効果に影響する要因
クライエントの要因	クライエントの動機付け，関与の高さ，良好な心理的機能，介入に対する肯定的・現実的態度
セラピストの要因	セラピストの技量，トレーニング，スーパーヴィジョン，経験による専門的な成長
クライエント-セラピスト間の関係性の要因	関係の質，治療同盟の強さ，目標についての合意と協働，肯定的配慮，自己一致，逆転移の対応，フィードバック，ある程度の自己開示，あまり頻繁でない関係についての解釈

（斎藤，2018 を元に作成）

用することであって，作成されたベスト・エビデンスをそのまま適用することであってはならないという認識が共有されるようになったのである。この科学者-実践家モデルおよび実践家-研究者モデルにおいては，自然科学に準拠する基礎心理学がその根幹となる。科学性を損なうことなく柔軟な対応を可能にするために，「エビデンスに基づく実践」は，特性，文化，志向性など，質問紙等で測定可能な指標も考慮するよう推奨されたと理解できる。しかし，心理的介入方法の選択に関しては，身体を対象とする医学的介入と異なる要因の影響をさらに考慮する必要があるだろう。斎藤（2018）は，効果研究に影響を及ぼしうる要因として，クーパー（Cooper, M. 2008；2012）の研究を紹介し，クライエントの要因，セラピストの要因，クライエント-セラピスト間の関係性の要因を挙げている。これらの要因概略を表 15-2 に提示する。

表 15-3　「科学の知」と「臨床の知」の対比

科学の知	臨床の知
客観主義	相互主体的・相互行為的
観察者と対象は分断される　　対象化	対象との関係に自らを関与させる
普遍性重視	個別性重視（各事例，場合を考える）
分析的　原子論的	総合的　直感的　共通感覚的
目に見える現実を対象	心理的，深層的現実を対象

（中村，1984 を元に作成）

（2）「臨床の知」モデル

　2つ目のモデルは，日本独自の心理臨床学の立ち上げの時代に河合（1976）らが紹介した「臨床の知」によるモデルである。もともと臨床の知は，哲学者の中村雄二郎によって「科学の知」に対する別の系統の〈知〉として提言されたものである。中村の記述（1984）に従って，両者を対比させると**表 15-3** のようになる。

　中村は，「近代科学の三つの原理，つまり〈普遍性〉と〈論理性〉と〈客観性〉が無視し排除した〈現実〉の側面を捉え直す重要な原理として」〈コスモロジー〉（固有世界）と〈シンボリズム〉（事物の多義性）と〈パフォーマンス〉（身体性をそなえた行為）の3つを挙げ，これを体現するものとして「臨床の知」を提起している。中村（1992）によれば「科学の知は抽象的な普遍性によって，分析的に因果律に従う現象に関わり，それを操作的に対象化するが，それに対して，臨床の知は，個々の場合や場所を重視して深層の現実に関わり，世界や他者がわれわれに示す隠された意味を相互行為のうちに読み取り，捉える働きをする。」のである。

　河合（1986）は，心理専門職の役割として，指導や助言をすることや科学的に原因を追究する態度で関わることもあり，臨機応変さが求められることを断ったうえで，そのような関わりが有効でないときには「来談した人を客観的『対象』として見るのでなく，自と他の境界をできる限り取り去って接するようになる。治療者は自分の自我の判断によって患者を助けようとすることを放棄し，『たましい』の世界に患者とともに踏み込むことを決意するのである。」と述べている。ここで言及された『たましい』についてヒルマン（Hillman, 1983）は，「魂という言葉によって，私はまずひとつの実体（サブスタンス）ではなく，ある展望（パースペクティヴ），つまりものごと自身ではなくものごとに対する見方を意味している。」と定義づけている。つまり，心理専門職は，支援を受ける人と同じ主観的体験の世界に踏み込んでいくことになる。この同じ体験は，表層的な同質性ではなく，深い次元での同質性を意味する。河合（1986）は「このような治療者の態度に支えられてこそ，患者の自己治癒の力が活性化され，治癒に至る道が開かれる。」と続けている。「治療者は冷たい観察者ではなく，そこに生じる現象に自らが参与していなくてはならない。」（河合 1986）。ここで両者の主観と主観の絡み合いを通じてのみ感じ取られる間主観的な普遍性の次元が共有されるといってよいだろう。そして，このような両者の間主観的な普遍性の次元は，その事例研究を通してそれに触れる人の主観とも絡み合い，そこで間主観的な普遍性がさらに広がりをみせるのである。

　河合（1976）は，こうした事例研究における知の営みは，臨床心理学の第三の道を切り開くものと述べている。それはハロッド（Harrod, R. 1900-1978）の『社会科学とは何か』（Harrod, 1971；1975）において述べられている社会科学の２つのタイプである「現実の犠牲において学説への忠実を守らねばならない」社会科学や「現実の犠牲において科学の形

式が守られることが多い」社会科学に対して，第三の道として提言された社会の現実そのものを探究しようとする「社会研究」に対応している。

　このような「事例研究」について，河合（1976）は，それが内的な普遍性を持つために，無限の事実の記録から選択して記述する判断力を必要とすること，そして何より，自らの実践の体験から深い普遍的事実を引き出すことは治療者自身の人格とおおいに関係しているのであり，1つの事例研究はその報告者の人格と切り離せないものとなってくることを述べている。つまり，心理専門職は，自分自身の人格そのものをもって支援を求める人と出会い，相手の主観の世界を全人格で感じ取りながら実践し，相手の主観と自分自身の主観とが混ざり合う領域での経験を，自分自身の人格を通して記述していく。しかも，そこで「われわれはクライエントの主観の世界に自分の主観の世界を関与させつつ，なおそれら全体を『見る』ことのできる目を養わねばならない。それは主観的関与と客観的観察という両立しがたいことを両立させることを必要とする。」（河合，1976）のである。

（3）ナラティブアプローチ

　河合（1992）が，心理療法において「各人が自分にふさわしい『物語』を創り出すと言ってもいいであろう。」と述べているように，心理療法は人生の物語（ナラティブ）と深く関連している。さまざまな心理療法の学派においても，それぞれに物語が重要視されてきた（斎藤，2018）。認知行動療法において対象とされる認知のパターンや信念は，クライエントの物語ともいうべきであり，精神分析では幼児期の親子関係において生じるコンプレックスに古代ギリシアの物語の主人公エディプス，エレクトラといった名前を冠し，治療過程の中で重要な役割を果たすものと見なした。またユング派の分析心理学では，心理療法の目標として個性

化が掲げられたが，それは河合も言及した通り，クライエント自身の物語の発展ととらえることができる。さらにユングは，その個性化過程を展開させる方法としてアクティブイマジネーションという手法を創案しているが，それは自発的なイメージによる物語作成であった。そして人間性心理学的アプローチの中で，家族療法から発展したナラティブセラピーにおいては，物語をセラピーの中核として位置づけている。

　ナラティブセラピーは，「現実は社会的な相互交流によって物語的に構成される」とする社会構成主義にもとづいており，治療者とクライエントとの会話を治療や問題解決の手段とは考えず，会話のプロセスそのものが治療であると考える。治療者は「クライエントこそが自分自身の問題についての専門家」であると認め，クライエントの語りを尊重し，多様な会話を促進する。そこでは，会話の中でクライエントにとってより有益な物語が生成されることを目指しており，その物語は治療者とクライエントによって共同構成されると考える。従来の心理療法が傾聴を重視するのに対して，ナラティブセラピーでは，物語の生成を促進する質問を積極的に行うことがその特徴である。

　このようなナラティブアプローチは，自然科学モデル中心の医療の場で発生した。Narrative-based medicine（NBM）である。従来の医学的な実践においては，疾患を正確に診断し，疾患に有効な治療法を患者に適用する実証主義の医療（エビデンス・ベイスト・メディスン：EBM）が中心であったが，医学の進歩に伴って新たな問題に取り組む必要が出てきた。患者の苦しみは，患者自身の主観的体験である。それを緩和するためには，まず一人ひとりの患者を心理的・社会的に理解し，患者を取り巻く社会状況を鑑みての介入が必要になる。その主観的な体験の理解のためには，患者の語る物語に注目し，その語りを尊重するところから医療を組み立てていこうという医療観である。ある意味で科学的な実

表 15-4　Narrative based medicine（NBM）の 4 つの特徴

1	病いは，患者の人生と『生活世界』という，より大きな物語において展開する一つの「章」と見なされる。
2	患者は物語の語り手であるとともに主体として尊重される。
3	医学的な仮説，理論，病態生理は，社会的に構成された物語であるとみなされ，常に複数の物語が共存することが許容される。
4	患者と臨床家の対話から浮かび上がる新しい物語は治療的な影響をもたらすことが期待される。

（Tayler 2010, 斎藤 2018）

証主義に対する偏重のバランスをとるために起こってきた反動としてとらえられる。NBM の特徴を，**表 15-4** に示す。

　表 15-4 のとおり，ナラティブの視点は，理論や仮説や判断などを，全て「一つの物語」として理解する。そして，『唯一の正しい物語』が存在するとは考えない。ナラティブは私たちが生活している社会や文化を背景として相互交流的な語りの中から恣意的に作り出される。このような立場を社会構成主義（Social Constructionism）と呼び，すでに決定された客観的な真実があるとは考えない。その基礎には，ブルーナー（Bruner, J. 1915-2016）（Bruner, 1986）の提唱した思考のナラティブモードが存在する（**表 15-5**）。

　このようなナラティブアプローチを，心理臨床に応用する基本的な指針について，森岡（2015）は，次のようにまとめている。「治療者や援助者が，相手を治療・支援の対象として，変えようとする動きは保留しておく。そして，何よりも相手の現実に関心を持ち，その人の固有の体験の世界にはいっていこうとする。さまざまな価値判断を宙吊りにしたま

表 15-5　思考の二つのモード

様式	範例的様式：paradigmatic mode	物語様式：narrative mode
目的	具体的事象自体から一般的な法則を探求すること。	出来事の体験に意味を与えること。
方法の特徴	カテゴリー分類 論理的な証明を追究 事実を知ることが目標 合理的仮説に導かれた検証と周到な考察	出来事と出来事の間をつなぎ筋立てる。 説明の真実さ，信憑性に，依拠体験を秩序立て，意味を与えいく一つの有効な手段。 物語としての力は，それが真実かどうかということとは独立して論じられる。
記述の様式	単一の確定的な指示的意味（reference）を重視。	対象記述は観察者を含む文脈が重視される。意味はその場で絶えず構成され多元的なものになる。
原理	優れた理論	優れた物語

（Bruner 1986，森岡 2015）

ま，相手の言葉，世界に身を置くことが治療・支援の出発点になる。現実は一つではなく，積極的な会話を通じて現実がつくられる。そこに他者がどのようにかかわるかによって，現実が変化するという視点をとる。」

2.　心理専門職としてリフレクティブであること

(1) リフレクティブな実践者

　心理専門職は，対象者との関わり合いを通して，今求められる援助を
その場で発想し実践する対人援助職である以上，日々の実践の中で対象
者に注目するだけでなく，対象者と自分との関係や心理専門職である自
分自身を見つめ，ふりかえり，問い続けていく人でありたいと考える。
しかし，それはとても実践的であるとともに，とても難しい課題である。
なぜなら，私たちは相手の顔や表情を見ることができるのに，唯一自分
自身の顔や表情を直接自分の目で見ることができないからである。つま
り私たちは，自分の顔にどのような感情が映し出されているか，何かあ
るいは誰かを通して間接的にしか確認できない。したがって，心理専門
職自身が対象者にどのような表情で，どのように関わっているか，じか
につかめないのである。

　そこでまず，心理専門職は，対象者と自身の関係のあり方がどうであっ
たかと反省し，自分自身の中で生じた感情や感覚をどのような形で表出
をしているかを，スーパーヴィジョンやケースカンファレンスなどを通
してふりかえり，スーパーヴァイザーや同僚たちと対話して気づく必要
がある。内省・省察・反省は，いずれも自らを省みることや実践で起こっ
ていることの理解を深めることを表す言葉である。英語では鏡などに映
ることを意味するリフレクション（reflection）という語が用いられる。
つまり，実践をふりかえる対話を通して，心理専門職としての実践にお
ける自分に気づくのである。

　しかし，これでは，単に過去の失敗や課題を反省しているだけであり，
せいぜい将来の実践で同じ失敗を繰り返さないよう自戒するという段階
であるといえる。この段階でのあり方を，ショーン（Schön, D. A. 1930-

1997）は行為についての省察 reflection-on-action と呼んだ（Schön, 1983）。ショーンは，有名な「省察的実践者に関する研究」（Schön, 1983）において，実践における行為の中での省察 reflection-in-action，つまりは実践において対象者とのかかわりの中で考え，柔軟に振る舞いや態度を調整していく力こそ，その道のプロフェッショナル，省察的実践者であることの特徴であると述べている。したがって，心理専門職が自分の実践をスーパーヴィジョンやケースカンファレンスを通して振り返るのは，過去の反省ではなく，自身を映し出す鏡として対話するスーパーヴァイザーや同僚の機能を心の中に持って現在の瞬間に活かすためなのである。

（2）メンタライゼーションと内省機能

　自分や他者のふるまいや態度を，心の状態という観点に立って理解しようとすることは，心理専門職としての中核をなす能力である。フォナギーとタルジェはこの能力をメンタライゼーション（mentalization）と呼び，その発達プロセスをアタッチメントと関連づけて実証的な研究プロジェクトを展開している（Fonagy & Target, 2003）。彼らは，実証研究において，心の状態を用いて自分や他者の行動を説明することと定義される内省機能（reflective function）を，メンタライゼーションの量的指標となる操作的概念として用いている。

　アレンらは，心理的な問題を抱える人におけるメンタライゼーションという内省的な心のあり方を高めることを支援の目標におくことが有効であるだけでなく，支援者である心理専門職自身の内省的な心のあり方を維持し向上させることが，日常的な臨床実践のスキルを高めると主張している（Allen, et al, 2008）。彼らは心理療法の中でセラピストが内省的なスタンスから離れていることに気づくチャンスとなる対応のいくつ

表 15-6　対象者のメンタライジングを阻害する心理専門職の特徴

・賢く，有能で，洞察力のあるところをみせようとすること
・複雑で長々とした介入
・心理学の専門用語を濫用したり，事実でないことを語ること
・理論に偏った見方で対象者の精神状態を当てはめること
・対象者についての自分の思いつきを，あたかも確かなことであるかのように，その人に提示すること
・関わり合いのプロセスよりも，その構造や内容ばかりを過度に強調すること
・対象者にとっての関わり合いの経験を丁寧に聴かず，よくあるパターンと決めつけること
・両者の関わり合いの中で生じた転移を，過去の行動の無意識的な反復を探索するためばかりに用いること
・長い沈黙を放っておくこと
・支援者に関する空想を受け止めることなく，対象者に自由連想と詳細な説明ばかりを求めること
・対象者に対して，強烈かつ生々しい感情のままに応じること

（アレンら，2008 を改変）

かを挙げている。心理療法に限らず心理専門職としての自らをふりかえるヒントとして，参考までに紹介する（**表 15-6**）。

3.　おわりに：専門職としての心の理解に向けて

　心理専門職は，心を理解する人であるとされるが，そもそも心の理解とはどういうことであるだろうか。

　心理専門職がはたらくさまざまな分野の実践の場では，「それどころではない。」という状況が日々生じる。この「それどころ」の「それ」として後回しにされ，時に切り捨てられてしまうのは，だいたいが「心」

に関することである。第5章でも述べたとおり，「心」の優先順位はいつも次点なのである。そのような状況でも，心にとどまる役割を担うのが心理専門職である。

　心にとどまるために必要なことは何だろうか。本章をここまで読んできた人は，「心をわかっている」ことが必要ではないこと，また，目に見えるふるまいや言動の善悪，正誤，優劣を評価することでもないことに気づいているだろう。こうした見方をいったん脇において，その対象者のふるまいや言動を「心」という文脈で理解しようとする態度や姿勢を関わりの中で「取り続けること」なのである。これを「心の理解」と考える。つまり，心のことはどこまでいってもわからないが，わかろうとし続ける態度が，「それどころではない」と後回しにされ，切り捨てられそうになる心を支えることなのである。心を支えるために，自分の心を使い心のことを考え続けるリフレクティブな環境を提供する心理専門職であることを願っている。

【参考文献】

村椿智彦・富家直明・坂野雄二（2010）実証的臨床心理学教育における科学者実践家モデルの役割　心理科学部研究紀要（北海道医療大学）　6, 59-68

Petersen, C. A.（2007）A historical look at psychology and scientist-practitioner model. America n Behavioral Scientist, 50(6) 758-765

Drabick. D. A. & Goldfried, M. R.（2000）Training the scientist-practitioner for the 21st century：putting the bloom back on the rose. Journal of Clinical Psychology, 56(3), 327-340

Shapiro M. B.（1967）Clinical psychology as an applied science. British Journal of Psychiatry, 113 (502), 1039-1042

Schön, D. A. 1987 Educating the reflective practitioner：Toward a new design for Teaching and Learning in the Professions. John Wiley & Sons. 柳沢昌一・村田晶子

（監訳）省察的実践者の教育―プロフェッショナル・スクールの実践と理論―鳳書房，2017

Korman, M, (1974) National conference on levels and patterns of professional training in Psychology. American Psychologist, 29(6), 441-449

Turkat, I. D. editor（1985）Behavioral Case Formulation, Springer

斎藤清二（2018）総合臨床心理学原論　サイエンスとアートの融合のために　北大路書房

ミック・クーパー著，清水幹夫・末武康弘（訳）（2012）エビデンスにもとづくカウンセリング効果の研究―クライアントにとって何が最も役に立つのか　岩崎学術出版社

河合隼雄（1976）事例研究の意義と問題点　臨床心理事例研究 3 3-10

中村雄二郎（1984）術語集　岩波新書

中村雄二郎（1992）臨床の知とは何か　岩波新書

河合隼雄（1986）宗教と科学の接点　岩波書店

Hillman, J.（1983），Archetypal Psychology, Spring Publication

Harrod, R.（1971）Sociology, morals and mystery. Macmillan　清水幾多郎訳（1975）社会科学とは何か　岩波書店

河合隼雄（1992）心理療法序説　岩波書店

Bruner, J. S.（1986）Actual Minds, Possible Worlds. Harvard University Press　田中一彦（訳）（1998）可能世界の心理　みすず書房

森岡正芳（2015）臨床ナラティヴアプローチ　ミネルヴァ書房

Schön, D. A.（1983）The Reflective Practitioner：How Professionals Think in Action. Basic Books 柳沢昌一・三輪健二（監訳）（2007）省察的実践とは何か：プロフェッショナルの行為と思考　鳳書房

Allen, J. G., Fonagy, P., & Bateman, A. W.（2008）Mentalizing in Clinical Practice. American Psychiatric Publishing. 狩野力八郎（監訳）（2014）メンタライジングの理論と臨床：精神分析・愛着理論・発達精神病理学の統合，北大路書房

Fonagy, P. & Target, M.（2003）Psychoanalytic Theories：Perspectives from Developmental Psychopathology. Brunner-RoutLedge. 馬場禮子・青木紀久代（監訳）（2013）発達精神病理学からみた精神分析理論　岩崎学術出版社.

三田村仰・武藤崇（2012）我が国における「エビデンスに基づく心理学的実践」の普

及にむけて―アクセプタンス&コミットメント・セラピー（ACT）のセラピスト
をどのように養成していくべきか―　心理臨床科学　2（1），57-68

【学習課題】

1．科学者-実践家モデルと実践家-研究者モデルの共通点と相違点をそ
　れぞれまとめよう。
2．心理療法に対する姿勢と事例研究に対する姿勢が重なっている点に
　ついて述べてみよう。
3．自分が対象者の立場として**表 15-6** の内容を読み，このような支援者
　の対応をどのように感じて反応するか検討してみよう。
4．次に自分が支援者の立場として**表 15-6** の内容を読み，これらの対応
　に向かわせる支援者側の気持ちについて検討してみよう。また，こ
　れらの対応をしていることに気づくためになにができるか考えてみ
　よう。

索引

●配列は五十音順，＊は人名を示す。

分担執筆者紹介

（執筆の章順）

齊藤　徳仁 （さいとう・のりひと）

・執筆章→ 6

1973 年	山梨県に生まれる
2007 年	山梨英和大学大学院人間文化研究科臨床心理学専攻修了
現在	公益社団法人山梨勤労者医療協会甲府共立病院患者サポートセンター心理相談室室長
主な著書	認知症ケアのための家族支援（共著　クリエイツかもがわ）

馬場　洋介 （ばば・ひろすけ）

・執筆章→ 9

1962 年	栃木県に生まれる
2014 年	神奈川大学大学院人間科学研究科人間科学専攻臨床心理学領域博士後期課程修了　博士（人間科学）
現在	帝京平成大学大学院臨床心理学研究科　教授
主な著書	こころの科学　増刊号　公認心理師への期待（共著　日本評論社） 心理職の組織への関わり方 –産業心理臨床モデルの構築に向けて-(共著　誠信書房) キャリア心理学　ライフデザイン・ワークブック（共著　ナカニシヤ出版） 公認心理師の基礎と実践 20 産業・組織心理学（共著　遠見書房）

湯野　貴子（ゆの・たかこ）

・執筆章→ 11

1970 年	福岡県に生まれる
1995 年	国際基督教大学大学院　教育学研究科 博士前期課程修了（教育学修士）
現在	桜美林大学大学院心理学研究科　非常勤講師
	静岡大学大学院人文社会科学研究科　非常勤講師
	日本プレイセラピー協会　理事

主な論文・訳書など

未就学児の支援―プレイセラピー的手法に基づいた治癒的遊びを通したケアー（共著）『心理臨床の広場』8 号，創元社，2012 年

遊びを通した子どもの心の安心サポート（共著）日本ユニセフ協会，日本プレイセラピー協会，2012 年

子どもにやさしい空間ガイドブック（共著）日本ユニセフ協会，国立精神神経医療研究センター災害時こころの情報支援センター，2013 年

プレイセラピーにおける親へのアプローチ：その重要性と可能性の考察『静岡大学心理臨床研究』第 13 巻，2014 年

子供達のための安全安心な場所作り―災害時に子どもの回復力を最大限に生かす支援を目指す―『心理臨床の広場』第 15 号，創元社，2015 年

災害地の子どもとプレイセラピー『子育て支援と心理臨床』14 号，福村出版，2017 年

ケースの見方・考え方（共訳）（創元社）

虐待とトラウマを受けた子どもへの援助（共訳）（創元社）

セラピストのための子どもの発達ガイドブック（監訳）（誠信書房）

編著者紹介

吉川　眞理 （よしかわ・まり）
・執筆章→ 1・2・3・4・6・13・14・15

1960 年	大阪府に生まれる
1990 年	京都大学大学院教育学研究科臨床心理学専攻博士後期課程 単位取得満期退学
2001 年	京都大学大学院　博士（教育学）
現在	学習院大学文学部心理学科　教授
主な著書	臨床ハンドテストの実際（共著　誠信書房） よくわかる心理臨床（共著　ミネルヴァ書房） 臨床心理学—全体的存在としての人間を理解する—（共著 ミネルヴァ書房） 心理学（共著　弘文堂） 情動と発達・教育：子どもの成長環境（共著　朝倉書店） 心理検査を支援に繋ぐフィードバック—事例でわかる心理検 査の伝え方・活かし方—［第 2 集］（共著　金剛出版） 遊戯療法：様々な領域の事例から学ぶ（共著　ミネルヴァ書房） よくわかるパーソナリティ心理学（共著　ミネルヴァ書房）

平野　直己 （ひらの・なおき）
・執筆章→ 5・7・8・10・12・15

1966 年	東京都に生まれる
1995 年	東京都立大学大学院人文科学研究科博士課程単位取得退学
現在	北海道教育大学教育学部札幌校　教授 NPO 法人余市教育福祉村　理事長
主な著書	学校臨床心理学入門（共編著　有斐閣） 乳幼児期・児童期の臨床心理学（共編著　培風館） 日常臨床に活かす精神分析（共著　誠信書房） コミュニティ臨床への招待（共著　新曜社） 対人援助者の条件（共著　創元社） 地域実践心理学：実践編（共著　ナカニシヤ出版） 教育相談（共著　学文社） ダイレクト・ソーシャルワークハンドブック（共訳　明石書店）

放送大学教材　1529463-1-2011（ラジオ）

心理職の専門性
—公認心理師の職責—

発　行　　2020 年 3 月 20 日　第 1 刷
　　　　　2023 年 1 月 20 日　第 3 刷
編著者　　吉川眞理・平野直己
発行所　　一般財団法人　放送大学教育振興会
　　　　　〒105-0001　東京都港区虎ノ門 1-14-1　郵政福祉琴平ビル
　　　　　電話 03（3502）2750

Printed in Japan　ISBN978-4-595-32184-9　C1331